成语魔法屋

主编　王雅坤

故事撰写　侃侃

插图绘制　王少坤

整体设计　贾兴国

山西出版传媒集团　三晋出版社

历史典故篇二

目 录

书前介绍

小朋友们,你们平常说话的时候,一定会用到成语吧。用简简单单四个字或几个字,表达出好复杂的意思,是不是觉得自己很厉害,说话特有水平呀?那么,你们大概学会了多少个成语,会讲多少个成语故事了呢?

读了咱们这套书,你会知道 150 个成语故事,学会 600 个成语。怎么样,动心了吧?想不想成为让所有人都羡慕的"成语小博士"啊?来吧,咱们一起读故事吧……

小语:150 个成语故事,为啥有 600 个成语?

你说清楚了,你这玩数字游戏呢?

小诗:4 个成语──→1 首成语诗──→1 个故事。

150×4=600。

150 × 4 = ?

1个故事 ← 1首成语诗 ← 4个成语 600

小朋友们，"用诗讲故事"这是咱们的首创哦！由 4 个成语组成 1 首押韵的成语诗，讲的是 1 个成语故事。除了这 600 个成语，讲故事中间还会用到好多好多成语呢。到时候，你肚子里的成语会撑得你打饱嗝的！怎么样，愿意体会体会打成语饱嗝的滋味吗？

小语：太好了，我最喜欢念诗了，朗朗上口，一下就能记住。念 1 首成语诗，就能学会 4 个成语，我要偷笑了，哈哈……

小诗：这算什么！故事里还有好多好多成语呢，到时候，肚子里的成语非把你撑得打饱嗝不可！

丰　开　顶　浩
功　天　天　然
伟　辟　立　之
绩　地　地　气

小朋友们，当你们看到书里面那些竖排着的成语诗时，大家可要记住哦，一定要从右往左念，这是咱们老祖宗流传下来的一种形式，中国古代的书都是竖着排的，最右面的是第一行，所以，咱们要从右往左念，可千万别念反了啊！

小语：小诗，你知道怎么念吗？

小诗：当然是从右往左念啊：浩然之气　顶天立地　开天辟地　丰功伟绩

小语：可以呀，知道的真不少！

远古

夏商周

告诉小朋友一个秘密，你读完这套书，只要用心捋（lǚ）一捋，就能把中国历史的很多知识梳理清楚呢！因为这150个成语故事基本是按历史发展的时间顺序排下来的，可以让中国历史发展的大脉络一目了然。这种排序方法也是独创哦！

春秋

战国

秦   汉

小语：读了成语故事，还能学会历史知识，语文、历史咱都考个好成绩。哈哈哈……

小诗：赚了吧！人家是"一举两得"，你是"一举"好几得啊！

明修栈道
暗度陈仓

秦朝末期，群雄逐鹿，项羽、刘邦脱颖而出，成为耀眼的乱世英雄。乱世自然有乱世的游戏规则，那就是谁的拳头厉害，谁就有权利制定规则，别人还得"心甘情愿"地被摆布，因为拳头举在那里，不得不服从。这不是吗？在秦岭的崇山峻岭间，由北而南的这支军队，就是刚刚被项羽篡改了游戏规则，强行封作"汉王"的刘邦的军队。

早些时候，反秦的各方力量曾经约定，谁先攻入咸阳，谁就做"关中王"。当时实力最强的项羽，肯主持订立这样的盟约，是因为他相信，最早攻入咸阳的一定是他。然而万万没想到，咸阳的城门却出人意料地被刘邦率先攻破了。在众多的起义力量中，刘邦又是令项羽最不放心的那一支。于是，象征着实力的拳头被项羽适时地举了起来，约定不算数了，巴、蜀、汉中被强行分到了刘邦名下。相较于富庶的关中，犹如偏僻乡野的汉中，即将成为刘邦的立足之地。牙恨得痒痒，脸憋得紫红，可是没有办法，实力太悬殊了，刘邦只得隐忍下来，带着自己的人马往那贫瘠之地进发。

为了消除项羽对自己的戒备，刘邦听取了谋士张良的计谋，把一路走过的五百里栈道全部烧毁了。要知道，在谜一样的秦岭山脉中，根本没有像样的河谷通道用于穿越，栈道是关中通往汉中的唯一通道啊！看着一段段木材搭建的栈道带着烈焰坠落悬崖，刘邦哈哈大笑，毫不迟疑地转身而去，那潇洒的模样，充满了自信和不服气。

不出所料，项羽终于放下了心中的那块石头，轻轻松松地去做"西楚霸王"了。而刘邦却和自己的谋士一起，拉开了夺取天下的序幕。

要夺取天下，占领政治、军事重镇关中是至关重要的事。于是，在得力将帅韩信的谋划下，刘邦开始了重返关中的准备。

韩信刁钻的目光盯住了被所有人遗忘的那条不成路的路——陈仓道。"汉王，陈仓这个地方，可以作为咱们重返关中的跳板啊！"

"哦？大将军的意思是……"

"咱们何不利用一下被烧毁的栈道呢？声东击西，然后从陈仓道突袭陈仓！"

看着韩信狡黠的目光，刘邦和他的智囊团瞬间领会了韩信的计谋，不禁拍案叫绝。很快，在那条被自己亲自烧毁的栈道上，刘邦最信任的大将樊哙、灌婴等率领万余士兵，开始艰难地修复着这条回归关中的唯一栈道。险峻的崖壁上，攀援着一个个举木握锤的士兵，凿孔，楔桩，铺木板，忙得不亦乐乎。

"哈哈哈，看来刘邦准备出川了。那就让他把那栈道修结实了，咱们再做理会吧！"被项羽安排驻守关中的章邯，想想那五百里栈道，就觉得好笑。陈仓是刘邦进入关中的必经之地，自己的重要性，章邯当然清楚了，所以，

他也装模作样地做了一个"两年计划"。

可是，事情就是这么难以预料，不久之后的一天，陈仓守将毫无征兆地闯进章邯的府邸，"汉军不知道怎么从天而降了，我们防不胜防，陈仓已经被攻破了，他们正往关中而来啊！"

"怎么可能呢？"一头雾水的章邯半天没有反应过来，再看看狼狈不堪的陈仓守将那惊恐的样子，这才如梦初醒，仓皇地把"两年计划"改成了"紧急计划"。可是，来不及了，面对如潮水般涌来的汉军，章邯无奈自杀了，关中终于回到了刘邦的手中。不知道章邯临死前，是不是真的明白了，自己是败在了"明修栈道，暗度陈仓"这一计谋之下的。

背水一战

浴血奋战　奋勇争先　背水一战　多谋善断

秦朝灭亡后，项羽和刘邦开始了长达五年的"楚汉争霸"。在这一过程中，刘邦麾（huī）下的大将韩信，表现出了卓越的军事领导才能，成为帮助刘邦夺取天下不可或缺的人才。

公元前 205 年，韩信用偷袭的办法灭掉魏国后，刘邦派他和张耳率领几万汉军继续东征，直捣赵国。

韩信多谋善断，每次打仗前，他都会详细分析双方情况，仔细打探对方消息，严密推演打仗过程中可能遇到的困难。这一次也不例外，韩信派了手下前去打探赵军的情况。

10

赵王歇听说刘邦派几万大军前来征讨，马上派赵军统帅陈余在井
陉口陈兵二十万，严密防守。因为汉军要想攻打赵国，井陉口以
西那段百里长的狭窄地带是必经之地。那里易守难攻，
陈余认为只要重兵把守，汉军就很难
越过。

　　赵王手下有位谋士，叫李左车。他认为，韩信率领的军队刚刚打了
胜仗，正锐不可当。但是，他们一路远征而来，粮草供应最重要，但也
是最薄弱的部分。所以，他希望率领一支队伍，抄小路切断汉军的粮草
供应，这样，汉军就会不战自败。但是，只会纸上谈兵的陈余并不赞同，
他坚持要正面作战，认为二十万兵力对付区区几万汉军绰绰有余了。

　　这一消息很快就传回汉军营中。韩信听说后，兴奋无比，马上根据

这一情况排兵布阵、调遣人马。

韩信命令大部队在距离井陉口三十里的地方安营扎寨，然后兵分三路：一路为两千轻骑，一路为万人分队，一路为主力部队。

夜半时分，韩信忽然集合两千轻骑，每人发了一面汉军军旗，自信满满地发出命令："你们沿小路隐蔽前进，在远离赵军营地的地方埋伏下来，决不可轻举妄动。待赵军倾巢出动的时候，你们要用迅雷不及掩耳

之势冲入赵军营
地，把咱们的军旗插
遍每一个角落。好了，出
发吧！"

送走这一路人马，韩信马上派万人分队沿河岸背水摆开阵势，要求他们依旧是按兵不动，只待他的号令。

天亮了，韩信和张耳亲率主力部队，从正面向赵军发起进攻。一大早，陈余就听说了韩信连夜背水布阵，不禁哈哈大笑起来："韩信不过如此嘛！背水布阵历来是兵家禁忌，你们就等着取韩信的头颅吧！"

　　汉军与赵军毕竟兵力悬殊，率先发起进攻的汉军，经过一场混战，很快就力不从心了。韩信和张耳也不恋战，慌忙向河岸撤退。陈余一看汉军抵挡不住准备逃跑了，激动得两眼放光。他立刻传令："全线出击，直逼汉军，生擒韩信！"

　　看着密密麻麻逼近的赵军，退至河边的韩信，突然向士兵们发出了"回击"的命令。背水而战的汉军将士们，一看无路可退，全都回身猛扑赵军。所有将士奋勇争先，浴血奋战，一个个如杀红了眼的猛兽，踏着尸体厮杀不停。

　　半日过去了，陈余一看，自己没有占到丝毫便宜，反而损失惨重，决定先停战回营。然而，当他们赶回大营时，却发现大营到处飘扬着汉军旗帜。赵军军心瞬间崩溃，士兵们吓得四散逃窜。韩信趁机指挥部队乘胜追击，打了一个大胜仗。

　　庆功宴上，凯旋的将士们纷纷涌到韩信身边，好奇地问道："背水而战是兵家大忌，将军您为什么要如此布局呢？"韩信哈哈大笑，反问道："兵法上有一句话你们没听过吗？'陷之死地而后生，置之亡地而后存'，背水一战，将士们没了退路，当然要拼尽全力反击，我们怎么可能不赢呢？"将士们恍然大悟，无不心悦诚服。

四面楚歌

缠绵悱恻　难分难舍　四面楚歌　无可奈何

项羽占领秦朝都城咸阳之后，横征暴敛，滥杀无辜，本就引起民怨。他的部队又对百姓烧杀抢掠，无恶不作。老百姓刚刚从秦王朝苛捐杂税的重压下解脱出来，还没有看见安稳日子的影子，又被推入另一种更残暴、更不稳定的生活中，所以，老百姓对项羽怨声载道。

刘邦敏锐地捕捉到了老百姓的情绪和要求，便听从了谋士张良和陈平的建议，决定抓住项羽势力衰弱、民怨沸腾的机会，一鼓作气消灭项羽。于是，刘邦说（shuì）服英布、彭越等各方力量，联合起来，一步步打击项羽。

终于，经过你来我往的博弈，刘邦用层层兵力，把项羽的部队围困在了垓下。

这时候的楚军，由于长期战斗，损兵折将非常严重，而且军队的粮草供应被切断，士兵们已经很久吃不饱饭了。

一个沉闷的夜晚，没有风，没有月光，被饥饿和疲惫困扰了多日的

楚军士
兵们早早躺
下休息了。项羽巡
视完军营，回到大帐之中，想着军队令人担忧的现状，满心愁苦。多年来一直陪伴着项羽，深受项羽宠爱的虞姬，看着他憔悴的样子，心疼不已。她斟满酒，缓缓递过来，静静地坐在一边，默默地陪着项羽以酒消愁。

突然，远处若有若无地传来一阵阵歌声，悠扬的曲调那么熟悉，那么拨动人心。这不是楚地的民歌吗！项羽一个激灵站起来，走出营帐，朝着歌声传来的方向望去，"这歌声是从对面的汉营传来的。难道，难道我的士兵都逃到汉营里去了？"渐渐地，歌声越来越高，越来越清晰。项羽知道，这是自己的士兵听见家乡的民歌，都忍不住跟着哼唱起来了，大家都想家了，都想家里的亲人了！

项羽返回营帐，端起酒杯，一边喝着，一边和虞姬倾诉着……战争形势越来越严峻了，寻求突围已无法回避地摆在了项羽面前。看着即将永别的爱人，回想着自己骑着爱马，一路征战的往事，项羽忍不住一遍又一遍地唱了起来：

力拔山兮气盖世，时不利兮骓不逝。
骓不逝兮可奈何，虞兮虞兮奈若何！

唱着唱着，项羽哭了，虞姬也哭了，二人缠绵悱恻，难分难舍。周围的士兵无不潸然泪下。想想曾经英气勃发的西楚霸王，此情此景下，却也英雄气短，儿女情长了。

为了不拖累项羽，虞姬毅然拿剑结束了自己的生命。面对四面楚歌，楚军士兵们思念家乡，军心涣散，大多奔逃而去。悲愤的项羽跨上宝马，带领剩余的八百士兵，像猛虎一般连夜突围，却不幸误入沼泽，虽然拼尽全力，最后还是被逼到了乌江边上。

英雄末路，却也无可奈何。最终，项羽在乌江边拔剑自刎。

一饭千金

　　韩信是中国军事史上的一位传奇人物。投身刘邦麾下后，在刘邦用人不疑、疑人不用的大智慧下，韩信的才能得到了最好的发挥。"明修栈道，暗度陈仓""临晋设疑，夏阳偷渡""木罂渡军""背水为营""四面楚歌""十面埋伏"等这些永铭中国军事史的优秀战术，都是他跟随刘邦征战东西、夺取天下过程中的精彩之作。作为西汉王朝的开国功臣，韩信和萧何、张良一起，被历史冠以"汉初三杰"的称号。

　　可是，辉煌之前的青年韩信，虽然满腹经纶，志向远大，却因为没有遇到合适的机会，生活一直很窘困。在被南昌亭长邀请做了门客后，他以为终于找到了"吃饭的地方"，所以几乎每天都堂而皇之地到亭长家蹭饭。久而久之，亭长夫人不乐意了，话里话外总要带出些情绪来。穷困的韩信，拿出了自己"屏蔽流言"的本领，装作没有听到，继续着"蹭食"的日子。

　　有一天，当他优哉游哉地按时踱到饭厅，却发现餐桌上空无一物，一点开饭的迹象都没有。"这是怎么回事？"韩信找来管家询问，管家支支吾吾，顾左右而言他。韩信似乎意识到了什么，就问："你们不用吃饭吗？""我们已经吃过了。"这一下，韩信恍然大悟，顿时羞愧得满脸通红，跌跌撞撞地逃离了亭长家。

虽然不甘忍受屈辱，不再去亭长家了，可生活还得继续呀。韩信只得每天去城外的河边钓鱼。碰上运气好，每天能钓到两三尾鱼，吃饭问题就基本解决了。如果运气不好，一条鱼也钓不到，就只有饿肚子了。

这天早晨，面黄肌瘦的韩信又来到河边，却发现平时冷冷清清的河边突然热闹起来了。一群帮人家清洗棉絮旧衣的老婆婆，三三两两地蹲在水边，不停地挥打着手里的捣衣杵。韩信找了一处远离老婆婆们的地方，落寞地架起了鱼竿。吃饭时间到了，他连一尾鱼也没有钓到。

"年轻人，先吃点东西填填肚子！"韩信的耳边响起了一个苍老的声音，一个发黑的馒头出现在了眼前。惊讶的韩信回过头，看向身后的人，这是一位身体略微佝偻（gōu lóu）的婆婆，菜色的脸上几乎没什么表情，就那么愣愣地看着自己，拿着馒头的手皱皱巴巴，应该是长时间在水里浸泡的结果吧。

"这，这……"韩信慌慌张张地一面扭过身子，一面站起来，一双手拧来拧去，一时竟不知道是该伸手接住馒头，还是婉言谢绝。

看着窘迫的韩信，婆婆慈爱地笑了："拿着吧，不多，先吃点，总饿着不行呀！"韩信双手接过馒头，连声说："谢谢，谢谢……"不等他说完，婆婆已经转身走了。

就这样，每到中午吃饭时间，老婆婆就过来给韩信一些饭食，粗面饼子、馒头，她有什么就分给他什么，也不说话，给了就走。一连十来天，天天如此。这天，韩信接过婆婆手里的饭，终于鼓起勇气拽住婆婆的衣袖说："婆婆，您对我这么好，将来我一定要好好报答您！"

没想到平常不吭气的婆婆，突然生气了，"我是看你仪表堂堂，知道你暂时遇到了困难，所以分给你一些吃的。难道我是要你报答我吗？"

韩信语塞了，他突然读懂了婆婆愤怒眼神中的那份期许：婆婆勒紧裤带省下一点点饭食给自己，那是要让自己尽快走出困境，找到自立自强的路啊！

深感震撼的韩信，不再等待机遇了，开始积极地寻找机会。直到遇到刘邦，他那天才般的军事智慧才真正得以闪耀。

汉朝建立之后，韩信被封为楚王。一回到楚地，他就派人去寻找当年的那位老婆婆。当颤颤巍巍、佝偻着身子的老婆婆来到他面前时，韩信激动地说："当年，您在自己也非常贫困的情况下，还分给我饭食，那是多么宝贵的贫贱之交啊！我一直铭记在心。人应该知恩图报，这是千两黄金，请老人家您一定收下。"一边说，一边让下人奉上千两黄金。老婆婆看着黄灿灿的金子，倔强地抬起头，那佝偻的身体似乎也变直了。韩信看着老婆婆的眼睛，好像知道她要说什么，不等她张口，就抢先说："我知道您老人家不图回报，而且当年的恩情是无价的，岂是区区千金可以回报得了的！我现在有了这个能力，只是想表达我的感激之情而已，所以，请您一定收下吧！"

老婆婆看着已贵为王侯的韩信如此真诚，也就不再推辞，收下了黄金。

从此，"一饭千金"口碑载道，代代相传。人们把"一饭"和"千金"两个在价值上根本无法对等的词汇连在一起使用，正是感动于那"一饭"的无价和"千金"的感恩之心啊！

一诺千金

正直堂皇

不负众望

一诺千金

人心所向

秦朝末年战火风云的舞台，终于在刘邦登基称帝、昭告天下的宣言中拉上了帷幕。成者为王败者寇，那些曾经追随项羽的部将，一时之间，成了刘邦追讨的目标，季布就是其中之一。

季布是楚地人，足智多谋，豪爽正直，敢于担当，在当地老百姓中享有极高的声誉。跟随项羽之后，他把对项羽的忠诚，完完全全用在了南征北战的征途中。刘邦多次被他打得措手不及，因此，刘邦做皇帝后，不仅悬赏千金捉拿季布，还以"灭三族"的命令，让试图藏匿季布的人却步。其实，就一个目的，惩罚这个给自己带来很多困扰的可恶家伙。

为了躲避追捕，季布改头换面，几经辗转，以奴仆的身份，被卖到了鲁地的侠义之士——朱家的家里。

这名仆人的身份，朱家其实心知肚明。他非常欣赏季布忠诚正直、豪爽担当的品性，决定冒着触犯龙颜的风险，为解救季布做一番努力。他千里迢迢地拜会了居住在洛阳的夏侯婴。夏侯婴留朱家在家里小住几日。这一天，二人边喝酒边聊天，聊着聊着，朱家把话题引到了季布身上："季布犯了什么罪啊，陛下要这么急迫地追捕他？""当年，季布率领军队，好多次把陛下逼到困境中。如今，陛下当然要抓捕他了。"夏侯婴不以为然地回答。

朱家听了若有所思，一边举杯敬夏侯婴，一边问："依您看，季布这个人怎么样？"

"这个人很能干呀，是个人才，可惜他投奔了项羽。"

"就因为投奔了项羽？"朱家皱了皱眉，脱口而出。那不理解的表情虽然转瞬即逝，但还是落到了夏侯婴的眼中。停顿了片刻，朱家接着说："季布跟着项羽，忠心耿耿，拼尽全力和对手作战，这是把他作为一个臣子应尽的本分做到最好了，这样的人很难得呀！难道仅仅因为他是项羽的部下，就要被杀吗？陛下刚刚夺取天下，如果把个人的恩怨作为评判人的标准，岂不是告诉天下人自己的气量太小？"

"哦？那么您觉得应该怎么办呢？"听到这里，夏侯婴终于意识到朱家投石问路的本意，哈哈一笑，顺着他的话追问道。

"对这样正直堂皇、忠贞不贰的人，您应该劝导陛下，不仅要停止追杀他，还要想办法让他为陛下所用啊！否则，把他逼到匈奴那里去，岂不是给敌人送去了人才？"

夏侯婴听出来了，朱家是来做说客的，而且他说的的确有道理，"不拘一格降人才"才是真正的用人之道啊。所以，夏侯婴接受了朱家的建议。最终，在夏侯婴的劝导下，刘邦不仅赦免了季布，还对他委以重任。

季布果然不负众望，尽心尽力辅佐刘邦，一如当初对项羽的忠诚。

汉惠帝的时候，有一次，匈奴单于写信侮辱吕后，那些不敬的用词大大惹怒了吕后，她召集了几位信得过的大臣，商量怎么教训教训这个口出狂言的匈奴人。樊哙将军一听，火冒三丈，大大咧咧地说："让我带领十万人马，横扫匈奴，咱们得杀杀这家伙的气焰了！"其他几位大臣，为了迎合吕后，也都纷纷表态，要求出兵，打匈奴个落花流水。只有季布不吭声。等大家都吵吵完了，季布才不紧不慢地站起来，看着樊哙，毫不客气地说："我看，樊将军当斩首了！"一句话如落地惊雷，在场的人都被震惊了。"你……"樊哙"腾"地站起来，指着季布，一时竟气得说不出话来。季布却毫不理会，继续说："当年高皇帝率领四十万大军尚且被匈奴围困在平城，樊将军以区区十万军队，就能横扫匈奴吗？"

一句话问得大家哑口无
言。"当年秦王朝不管不
顾，随意用兵，才引发陈胜等人起义造反。现在，老百姓刚刚稳定下来，
难道樊将军又要使天下动荡不安吗？"一句话惊醒梦中人，吕后终于不
再讨论攻打匈奴的事了。

这就是季布的忠诚和正直，为了他所尽忠的皇帝，为了天下苍生，
他不逢迎拍马，而是明辨是非，勇于担当。其实，这是他一贯的作风，所以，
当年楚地才会流传这样一句话："得黄金百两，不如得季布一诺。"一诺
千金，是人心所向啊！因为，这"一诺"，承载了人们对美好、对正义
太多的向往。

孺子可教

　　张良是汉高祖刘邦在争夺天下的过程中，非常倚重的一位大臣。他出身于贵族世家，祖父和父亲是战国时期韩国的五朝宰相。在秦国兼并天下的征程中，韩国不可避免地成为那盘棋局中的一枚死棋。国破家亡，在张良的心中埋下了深深的仇恨，推翻秦王朝，成为他给自己设定的人生目标。

　　这一天，张良想着心事，信步走到桥头，忽然听到"咚"的一声，什么东西掉进了水里。张良并没有在意，继续往前走。"哎，小子，下去给我把鞋捡上来！"一道苍老的声音不客气地钻进张良的耳朵里。张良回头一看，一位灰发老翁正看着自己，右手不停地指点着桥下，画外音简直就是："快去捡鞋子呀！"

26

张良十分诧异，"这人我不认识啊，他怎么这么理直气壮地命令我呢？"一股怒气直冲大脑。可是看看那满头银丝，再看看那身皱皱巴巴的粗布短袍，"唉，算了，老人家也怪可怜的！"压了压心里的怒气，张良快步绕到桥下。

没想到，等张良回到桥头，却看见老人两手抓着栏杆，那只没穿鞋子的脚高高翘起来，两只眼睛死死盯着张良，倔强，执着。张良愣了一愣，突然哑然失笑。经历了太多的磨难和离愁别绪之后，张良早已练就了一颗豁达的心。他想："老人家真是有意思，像个老小孩。我就让老人家高高兴兴地走吧。"于是，张良恭恭敬敬地半跪在地上，双手帮老人套上鞋子，轻轻地握着那只脚放在地上。"好了，老人家，您走走看，是不是舒服！"没想到，老人跺了跺脚，试了试，一声不吭，竟然扭身大笑着走了，看都没看张良一眼。

看着老人洒脱的背影，张良无奈地摇摇头，笑着回身继续往前走。刚刚走出没几步，那老人却追了上来，赞赏地说："孺子可教呀，小伙子！我百里挑一，今天总算遇见你了。五天之后的鸡鸣时分，咱们还在这个地方见，怎么样？"

这一出又一出，彻底把张良搞晕了。虽然不知道老人葫芦里卖的什么药，但张良还是很有礼貌地对着老人作揖答应下来。

五天之后，鸡鸣时分，张良匆匆赶了过来，远远地，就见一位老人伫立桥头，看样子已经等了一阵子了。"真是抱歉，让您老等我了。"虽然自己按约定来得并不晚，但是让一个老人家等自己，总是非常不礼貌的，所以，张良忙不迭地向老人道歉。可老人却一点儿也不客气，直接怒斥道："与老人相约，竟然迟到！五天以后再来吧！"说罢，扔下张良，径直走了……

五天之后，张良特意提前了好久赶到，居然还是落在了老人后面。

第三次，张良吸取教训，索性半夜就摸黑赶到桥头。这一次，桥上空无一人，张良悬着的心这才落到肚子里。等了很久很久，老人来了。"这就对了嘛，小伙子！"听那欢喜的声音，张良都能感觉到这一次老人家相当满意，这时候肯定是满面笑容。"来来来，你看这是什么？"老人一边说着，一边把一样东西塞到张良的手中。张良感觉出来了，那是一本书。"你要下功夫好好研读这本书，等你参透了它的思想，就可以做帝王之师了。十年之后，天下必然大乱，记住，你要用你的学识兴邦立国啊！"说罢，也不等张良应答，再次扬长而去。

天亮时分，张良发现手中的书是《太公兵法》，顿时大喜过望。要知道，这是道家的一部经典著作，它的内容体现了道家在兵法方面缜密严谨的逻辑性、精髓前瞻的思想性，是多少人梦寐以求的"秘籍"。从此，张良日夜苦读，研习兵书。

多年之后，一个偶然的机会，张良遇到了刘邦，两人一见如故，相谈甚欢。张良诚心诚意为刘邦出谋划策，刘邦都虚心采纳。从此，张良成为刘邦信任和倚重的谋士，为刘邦决胜千里、夺取天下，贡献着卓越的智慧。

萧规曹随

言之成理

不可企及

萧规曹随

不偏不倚

在刘邦夺取天下的过程中，萧何和曹参是非常重要的两位功臣。汉朝建立之后，萧何被任命为丞相，曹参被任命为齐国的相国。

曹参意识到齐国经历了长久的战争，应该给老百姓喘息的机会，所以，他在"无为而治"思想的指导下，采取了宽松的管理办法，使老百姓获得安定的生活环境，老百姓都称赞他是贤明的相国。

汉惠帝即位第二年，丞相萧何去世了。临终前，萧何向惠帝推荐了曹参，希望由他来接替丞相一职。就这样，曹参成为继萧何之后汉代第二位丞相。

人们都说："新官上任三把火。"可曹参做了丞相之后，除了按部就班地实施以前的制度外，一项新的政令也没有出台。有人在他面前提起需要修订政策法令，他总是把话岔开，不和人家探讨。如果遇到非要和他说道说道的人，他就先把人家邀请到饭桌上，一通觥筹交错，醉醺醺地结束宴请。这事儿很快传到了惠帝的耳朵里。惠帝很纳闷，他看不明白丞相的用意，开始胡思乱想起来："老丞相是建国功臣，他是不是看我年轻，不愿意好好辅佐我啊！"越想心里越不踏实。

曹参的儿子曹窋（zhú）在朝中任中大夫。这一天，惠帝把他叫到身边，跟他说起了自己的疑虑，并且告诉他："你回家找机会问问你父亲，就说：'皇帝现在这么年轻，还没有治理朝政的经验，正需要丞相多加辅佐才对。可是现在您整天要么闭口不谈朝政，要么和人喝酒闲聊，怎么就不去考虑国家发展的大事呢？'你看看他怎么回答，回来告诉我一声。不过千万别说是我让你去问的。"

曹窋心领神会，回到家找了个机会和父亲闲聊起来。他按照惠帝的旨意说起这事，却不料父亲大发雷霆，当场喝止他，并且教训他说："你小子懂什么朝政，这些事不该你说，也不该你管，你只要好好侍奉陛下就行了！"一边骂着，一边命人用竹板把儿子打了两百下。

没有得到陛下想要的答案，还挨了父亲一顿狠揍，曹宙垂头丧气地回到宫中。汉惠帝一听，更是莫名其妙，第二天早朝之后，索性把曹参单独留了下来。惠帝很不高兴地质问曹参："你为什么要责打曹宙呢？是我让他那样去问你的。"曹参一听，马上脱帽跪下，连连叩头谢罪。惠帝并不理会他，继续问道："你现在就说说，为什么不好好打理朝政呢？"

曹参抬起头来，看着惠帝，沉思了片刻，不徐不疾地问："陛下，您觉得先帝和您谁更厉害？"惠帝顿生不悦："这是什么问题？我怎么敢跟先帝比呢？"曹参又接着问："那陛下觉得我和萧丞相，谁更厉害呢？"惠帝面露疑色，不解地看着他："你……恐怕要逊色一点！""陛下言之成理。"曹参似乎就在等这个答案，马上接着说："先帝和萧丞相在立国之初，审时度势，制定了'休养生息'等一系列国家实际需要的政策。他们的智慧是我们不可企及的。而陛下您现在是守业，我们更应该遵照先帝制定的法令和规则，恪守职责，谨慎从事，让社会继续得到稳定的发展，这样不是最好的吗？"

听到这里，惠帝茅塞顿开，所有疑虑都烟消云散了。他连连夸赞："爱卿所言极是，所言极是呀！"

曹参担任丞相三年，继续施行清静无为、不扰民的策略，不偏不倚，萧规曹随，使西汉社会稳定、经济恢复、百姓安宁。他去世后，老百姓用大白话赞颂了这位他们心目中的好丞相："萧何定法律，明白又整齐；曹参接任后，遵守不偏离；施政贵清静，百姓心欢喜。"

桃李不言 下自成蹊

经天纬地
可歌可泣
桃李不言
下自成蹊

"飞将军"李广，是西汉著名的军事将领。他少年时期参军，数十年间，抗击匈奴，声名远播，威震边关。

李广不仅仗打得好，还很会治军，有经天纬地之才。他廉洁亲和，爱兵如子，不仅常常把自己得到的赏赐分给部下，还总是身先士

卒，以身作则。在行军过程中，遇到缺水少粮的时候，他一定会让士兵先喝先吃，绝不会自己先拿起水碗、捧起饭食。遇到士兵做事出现疏漏，只要不是恶意的，他都会自己扛下来，而不去苛责他们。这些真诚的关爱，对于常年在外行军打仗、缺少温暖和关怀的士兵来说，是何其珍贵呀！所以，李广带的兵，不需要严苛的惩罚制度，却军纪严明，作战勇敢，而且对他绝对信任，甘愿为他赴汤蹈火。

有一次，汉景帝派自己身边的亲随到李广军中整训士兵。这名亲随带着几十名骑兵，纵马驰骋，赶巧遇到三名徒步的匈奴人。这三人箭法了得，还没等骑兵们有所行动，他们已经搭弓射箭，瞬间将几十名士兵射杀殆尽。亲随受了轻伤，疾驰而返。当了解了情况后，李广立刻飞身上马，亲点了一百骑兵，下令道："此三人一定是射雕的人。这附近肯定有匈奴军队。咱们要赶在他们回到匈奴营地之前拦截他们。出发！"于是，一百轻骑绝尘而去。当他们成功追上三人，射杀两人，俘获一人，准备返回之时，远远地，数千匈奴兵还是出现在了视线之内。

看着数千敌人逼近，士兵们非常恐慌，调转战马，只等李广一声令下就奔驰而回。没承想，李广却大喝："咱们离大军有几十里，就我们这一百骑兵，一旦掉头狂奔，马上会被匈奴人的弓箭射杀。如果我们不跑，他们反而会以为我们的后面有埋伏，一定不敢贸然攻击。听我的，继续前进！"那果断的语气，不容置疑。

果不其然，匈奴大将看到大汉士兵还在前进，不由得紧张起来，觉得这是汉人的阴谋。行进到距离匈奴阵地二里的地方，李广命令所有人下马解鞍。他告诉他的手下，一定要表现得泰然自若，这样就会坚定匈奴人的疑心。果然，匈奴人进不得，退不得，一直拖到天黑，竟然趁着夜色悄悄撤走了。就这样，李广的机智勇敢，挽救了困局。

公元前119年，大将军卫青率军进击匈奴，李广再一次以六十多岁高龄担任前将军。可是，当卫青获知单（chán）于营地的具体位置后，竟断然拒绝了李广的请战要求，而命令他和右将军赵食其在东路拦截，自己亲率主力出击。由于东路路线复杂，又没有向导引领，李广他们迷路了。卫青与单于交战后，本该进行拦截的东路军没有及时赶到，使得单于逃脱了。

卫青派人了解了他们迷路的情况后，准备追究赵食其延误战机的罪责。李广一听，挺身而出："迷路的责任在我，和他人无关。我去找大将军领罪！"过后，无限伤感的李广，面对昔日共同奋战沙场的部将，感慨地说："我与匈奴交战已不下七十次，今天有幸随大将军出征，却偏偏因为迷路耽搁了战机，难道这真的是天意吗？我已经六十多岁了，不想再受那些刀笔吏的羞辱了，罢！罢！罢！"言毕，随着一抹鲜血飞溅，李广拔剑自刎了。

军中将士和老百姓听闻噩耗，都思之念之，悲痛难当。他们是感怀于"飞将军"那些可歌可泣的故事啊！伟大的历史学家司马迁，在他的《史记》中，这样评价李广："桃李不言，下自成蹊。"

夜郎自大

夜郎自大

居高临下

称孤道寡

妄自尊大

汉朝时，我国西南地区聚居了许多少数民族部落，它们散落在山林之间，地域不大，百姓很少，物产也不丰富，但各自保持独立。在这里，从来没有人离开过自己的国家。而朝廷忙于平定内乱和应对北方匈奴的侵犯，也很少顾及遥远的西南边陲，于是，这些小国称孤道寡，怡然自得，和外边的世界基本隔绝。

有一个叫"夜郎"的部落，是其中较大的国家之一，它的首领多同无比自豪地认为，自己的国家就是这个世界上最大的国家了。

一天，多同带着他的随从巡视边境。他骑着马，来到一片平坦的空地，遥望着远方。迎着灿烂的霞光，他扬起马鞭，指向前方，无比自豪地说："你们看，这么辽阔的疆土都是我们夜郎的，有哪一个国家能够比得上呢？"

旁边的随从急忙献媚："是的，大王，天下哪还有比夜郎更大的国家呢？"

多同听后非常满意。

接着，他们又来到一座高山的面前，多同抬头仰望着那巍峨的高山，问："天下还能找得到比夜郎的山更高大的山吗？"随从们连忙应声："怎么可能？天下当然找不到比夜郎的山更高大的山了！"马背上的多同居高临下，开怀不已。

不一会儿，一条横亘的河流挡住了他们的去路。多同激动地跳下马来，看着滔滔不绝的河水，说道："这条河这么宽、这么长，这一定是世界上最宽最长的河流了！"随从们没有一个不赞同的，他们异口同声地说："大王说得一点都没有错！"

这次出游回来后，夜郎人更加妄自尊大，他们相信夜郎是天底下最大的国家。

汉武帝的时候，派使臣出访印度，经过夜郎国。多同从来不知道世界上还有中原这样一个地方。他将汉朝使臣请入部落的大帐，好奇地问："汉朝和夜郎相比，哪一个更大呢？"汉朝使臣听后一怔，随即哈哈大笑起来，不屑地回答道："夜郎和汉朝是完全没办法相比的。汉朝的州、郡就有好几十个，而夜郎的全部地盘还抵不上汉朝一个郡的地盘。你说，哪一个更大呢？"

多同听得目瞪口呆，满脸羞愧。无情的事实，让夜郎自大的虚幻泡影瞬间灰飞烟灭。

曲突徙薪

防患未然 曲突徙薪 不以为然 无稽之谈

霍光是西汉时期非常著名的政治家。他经历了汉武帝、汉昭帝、汉宣帝三朝，在西汉王朝的发展中有着显要的地位，被后世誉为"麒麟阁十一功臣"之首。

汉宣帝继位后，由于霍光位高权重，他的家族做事越来越有恃无恐，对同僚傲慢不逊，对百姓骄横跋扈，遭到朝野上上下下的厌恶和痛恨。权力被架空了的汉宣帝心知肚明，但是，刚刚继位的他，也只能先跟着既有的游戏规则"玩耍"。

这一天，汉宣帝正在批奏折，打开一看，说的是请皇帝约束、限制霍氏家族的。宣帝心里就明白了："这又是那个茂陵人徐福的奏折吧！"一看落款，果不其然。"这个人真是执着，已经是第三次上奏了。"宣帝扭头对身边的人说："你们听听，他说朕要再不约束霍家，霍家就要遭灭顶之灾了。这不是无稽之谈吗？霍卿忠心耿耿，一心为国，霍家是我们国家的功勋之家啊，怎么会灭亡呢？"一边说着，一边不以为然地把奏折扔到了边上。

几年后，霍光去世了，但是，霍氏家族把持朝廷要害部门的状况一点都没有改变。慢慢站稳了脚跟的汉宣帝，开始对霍家权势一点一点地"蚕食"。这时，霍家叛乱的阴谋正好败露了。趁此机会，汉宣帝给了霍氏家族最后一击，霍家彻底土崩瓦解了。

之前揭发、状告过霍家的人纷纷获得了汉宣帝的嘉奖，但是，在嘉奖名单里，始终没有徐福的名字。

一天，一位大臣终于忍不住了，小心翼翼地跟宣帝说："陛下，臣曾经听过一个故事，挺有意思的，臣讲给您听，好吗？"心情大好的宣帝马上回应："说来听听。"

曾经有一个人到朋友家做客，看到朋友家炉灶上的烟囱笔直笔直地伸向天空，旁边还堆着一大堆柴火，就赶紧跟主人说："你把烟囱搞得这么直，炉灶里的火苗很容易就飞出烟囱了。万一火苗落到那些柴火上，就太危险了。你赶紧在烟囱中间加一个弯道，再把这些柴火堆得远一点吧，安全啊！"

没想到主人根本不以为然，"一点事也没有，这么长时间了，不是一直很安全吗？"

结果没多久，那家的柴火堆真的着火了，火苗抻着脖子，到处吐舌头，只要被它沾上，马上起火。只一会儿，他们家就火光冲天了。好在左邻右舍全都行动起来，拼了命地帮他救火，才保住了他的房子。

为了感谢这些帮忙的邻居，这位主人大摆酒席，诚心诚意地向大家道谢。这时，有人提醒说："你把帮忙救火的人都请来了，怎么就忘了请当初劝你改烟囱、挪柴火堆的那位朋友呢？如果早点听从他的建议，就不会有这场火灾了呀！"

这位主人恍然大悟，赶紧请来了那位朋友。

讲到这里，大臣不吭气了，微笑着看着汉宣帝。汉宣帝也看着大臣，不说话。

"陛下，其实茂陵人徐福之前就上过几次奏折，说霍氏家族太嚣张了，会出乱子的。陛下英明，终于剪除了霍家的势力，可是在您嘉奖的人里，却没有徐福。如果当初能够曲突徙薪，防患未然，也许情况会不一样的。"

汉宣帝笑了："你呀……"之后，徐福获得了十匹绸缎的奖赏，还被任命为郎官。

闭门思过

正襟危坐
闭门思过
相顾失色
引咎自责

韩延寿是西汉宣帝时期非常有名的官员，他的很大一部分名气，来自老百姓对他的颂扬。

韩延寿一向崇尚仁、义、礼、智，他认为，老百姓可以在平和礼让的氛围中，自觉和谐地生活，那才是治理国家的最高境界。他不论在哪里主政，都带领大家制定婚丧嫁娶等各方面的礼仪和制度。在他的引导下，百姓慢慢变得和睦、良善，行为举止也有尺度了，社会安定了很多。

他在左冯翊做太守的时候，有一次，到高陵县巡视，突然听见马车外面一阵混乱。"停下来，看看发生什么事了！"车夫停了车，他探出身子一看，只见两个年轻人激烈地吵着，推推搡搡地拦在马车前。

"你们怎么了？为什么要在这里吵吵闹闹？"韩延寿毫不客气地责问他们，他对这些在大庭广众之下有失风雅的事情很是厌恶。

"大人，我要告他。我弟弟他抢我的耕地……"年轻人磕磕巴巴，急得满脸通红，可那厚厚的嘴唇里，只硬生生地蹦出这么几个字。

"他胡说！大人，那块地本来就是我爹妈在世的时候分给我的，爹妈去世了，他就硬说那块地是他的。大人，他不讲理，您要给我做主啊！"那委屈的样子，真的好像吃了好大好大的亏。

"你，你，胡说！"笨嘴笨舌的哥哥，一看弟弟"突突突"一口气说了一大堆，自己落了下风，急得就要动手。

"你们俩不要吵了！"一声断喝，韩延寿制止了激动不已的兄弟俩。"哎！怪我呀！"韩延寿痛苦地长叹一声，竟然把兄弟俩唬住了。怎么回事啊？我们兄弟俩的事，大人怎么说怪他呢？二人一下子安静下来，愣愣地看着韩延寿。

"哎，亲亲的两兄弟，竟然因为一块耕地闹得反目成仇，你们怎么能对得起故去的爹妈啊！我作为太守，不能教化百姓，还要看着你们骨肉相争，做出如此有失风化的事，是我没有尽到责任呀！哎，我应该退职让贤啦！"说罢，他难过地一边摆手，一边默默地回到车上，离开了。

站在当街的两兄弟，相顾失色，一时竟不知该如何是好。

这一天，韩延寿真的没有去工作，而是把自己锁在房间里，不吃不喝，正襟危坐，闭门思过。

告状的两兄弟听说后，被深深震动了，赶紧跑到韩延寿的府邸前请罪。二人痛哭流涕，弟弟说："大人说得对，我们亲亲的兄弟，为了一块地还能打起来，这要让天上的爹妈知道了，该多难过呀！我们错了，大人，我们知道该怎么办了，求大人不要自责了！"

"是，是，耕地给弟弟，给弟弟。"憨厚的兄长，急得点头谢罪。"不行，哥哥，耕地还是应该给你，你的地少。"

"不行，不行……"

韩延寿一看兄弟俩真的觉悟了，这才稍稍露出了喜悦之色。韩延寿引咎自责，用自己的言行倡导着仁、义、礼、智。

凿壁偷光 | 如愿以偿 | 寒来暑往 | 下笔成章

凿壁偷光

西汉时期，有一个少年叫匡衡，他特别希望能像学堂里的孩子那样，跟着老师读书。可是，他家里很穷，实在没有钱拿出来供他上学堂。于是，他经常一个人躲在学堂外面，安静地听着里面的读书声。一位亲戚看见他这么喜欢读书，很受感动，就抽空教他认字。日积月累，他终于可以自己读书了。

匡衡买不起书，就想办法借书来读。那个时候的书都是十分贵重的，只有有钱人家才有。可是有钱人家怎么会轻易把书借给一个穷小子呢？为了能读到书，匡衡想出了一个好办法。村子里有个大户人家，家里有很多藏书。一天，他跑到那户人家求见主人，见到后，一边作揖，一边急切地恳求说："请您收留我吧，我给您家干活。我力气很大，什么活都会干。我不要工钱，只求您能把家里的书借给我看看。我保证不会耽误干活，保证不会把书弄坏一点点。"主人看到匡衡落落大方、彬彬有礼，眼睛里充满了渴求，一时被深深打动了，就收留了他。匡衡终于如愿以偿地读到了书。

寒来暑往，匡衡一天天长大了。他每天从早到晚都在地里干活，只

有中午休息吃饭的工夫才能看一会儿书。晚上回到家里，因为没钱，点不起油灯，也不能看书。所以一卷书常常要用十天半个月的时间才能读完。匡衡心里难过极了，却无计可施。

一天晚上，匡衡从外面回家，周围一片漆黑，只有邻居家的窗户透着光亮。匡衡忽然想到了一个主意，狠狠拍了自己脑袋一下，叨叨着："以前怎么没想到呢！"回到家，他就在自己与邻居家共用的那面墙上摸索来摸索去，终于找到一处墙壁有破损的地方。他找来一把小刀，沿着破损的墙壁轻轻地抠啊抠，不一会儿，一道弱弱的光线就从墙缝里透射过来。匡衡兴奋极了，不敢再往大抠，担心影响到邻居，于是，便借着这一点点光线看起书来。光线太暗了，看一会儿，眼睛就酸困酸困的，他就稍稍休息一下，接着再看。

就凭着凿壁偷光这样的毅力，匡衡博览群书，下笔成章，终于成为西汉著名的学者。

捕风捉影

西汉王朝的皇位传到第九代，出现了一位被历史学家定位在"中国古代昏君榜"上的皇帝，他就是汉成帝刘骜（áo）。他被后世这样评价：迷恋酒色，荒淫无道，不理朝政。但他又是一个性情宽厚的人，当政期间，多次耐心地接受了大臣谷永关于为君之道的谏言。

汉成帝四十多岁时，依旧没有子嗣，这成了朝廷的头等大事。于是，向鬼神求助，一时之间似乎成了最可行、最直接的办法。很多大臣借机向成帝献策，如何谈仙论道，如何祭祀鬼神。献上此等建议的人，很多轻而易举地得到了高官厚禄。

而向鬼神求助，最直接、最可以表现自己虔诚的，就是设坛祭祀了。

于是，汉成帝在这些大臣们的怂恿下，利用一切时机，在京城郊外的上林苑举办祭祀活动，祈求神灵眷顾，赐给皇室子嗣。祭祀活动举办了一场又一场，规模一场比一场大，但是汉成帝的孩子依旧没有降临。

谷永之前数次向汉成帝提建议，基本都顺顺利利被汉成帝接受了。所以这一次，如何能让汉成帝远离那些不学无术的小人，大臣们马上想到了谷永。

谷永责无旁贷，很快就向汉成帝上书："我听说，好的皇帝是能够带着大家一起做善事而不会做恶事的，不好的皇帝是和小人一起做恶事而不做善事的。陛下您天性淳厚，聪慧通达，所以请您稍稍想想臣下面的这些话，就一定会做出正确的判断。"

"我还听说，对于明了天地本性的人，神仙鬼怪是迷惑不了他的；懂得万事万物根本规律的人，是不会被那些行为不端的人蒙蔽的。之前有些人大肆宣扬祭祀神仙鬼怪，他们描绘出了美好的景象，好像那样做了，上天就能显灵，使您寿比南山、子嗣众多。可这些都是歪门邪道呀！"

"您想想，当初楚怀王花了很大力气隆重祭祀鬼神，求神灵保佑楚国能够打退秦国的进攻，结果还不是被秦国打败，并且一步一步被侵吞了吗？周代的史官苌弘想用祭祀鬼神的办法帮助周灵王聚拢天下英才，结果不是各诸侯国越变越强大，周王室反而更加衰败了吗？秦始皇派了多方人马去寻找长生不老药，结果不是不仅没有找到，还搞得民怨激愤吗？"

"所以，那些劝您用祭祀的办法求助神灵的人，都是徒有其表之人。他们给您描绘了一幅长生不老的美好愿景，但那些其实都是捕风捉影、虚无缥缈的呀！他们根本不会管您是不是能够真的得到那些美好的东西。所以，这些人就是不负责任的小人啊！陛下，您还是远离这些小人吧！"

汉成帝对着奏折，陷入了深深的思考。他果真被谷永的话打动了，渐渐地远离了蛊惑他的那些人。

半途而废

大有作为 | 晓之以理 | 半途而废 | 有头无尾

东汉时，有个叫乐羊子的人，他的妻子非常贤惠，明事理，把家打理得井井有条，经常勉励乐羊子要积极上进。

有一次，乐羊子在路上捡到一块金子。他得意地拿回家，在妻子面前炫耀："看看，看看，今天咱们有意外之财啦！"没想到，妻子看了看乐羊子手中的金子，不但没有露出欢喜的神情，反而沉默了一会儿，缓缓地对他说："我听说有志气的人不会去喝'盗泉'的水，有节操的人绝不接受带有侮辱性的施舍，更何况是去捡别人丢失的东西，这恰恰是玷污了自己的名声啊！"乐羊子听了，羞愧万分，手里攥着金子跑回原处，一直等到失主前来认领。

后来，乐羊子决心外出拜师求学，求得学问上的更大进步。

可是，才过了一年，一天，妻子正在家里干活，突然听到院子里传来丈夫兴奋的声音："我回来了……"看着从天而降的丈夫，妻子非常诧异，就问他："你还没有完成学业呢，怎么就回来了？"乐羊子不以为然地说："我在外面待的时间太久了，非常想念你，所以就回来了呀！"妻子一听，什么话都没说，顺手拿起一把剪刀，快步走到织布机旁，对着织机上的丝线就要剪。乐羊子大惊，一把抓住妻子的胳膊，大叫："你这是干嘛呀？为什么啊？"妻子指着那些丝线，晓之以理、动之以情地说："这些丝线，都是从蚕茧里抽出丝，做成一根一根的线，再通过织布机把它织成布。一根丝一根丝地累积起来，才能形成一寸长的布；一寸一寸地累积起来，才能织成一尺长的布。这样日积月累，才能有成匹的布呀。如果我现在把这些丝剪断，不仅之前的劳动白费了，而且有头无尾，半途而废，永远不可能织成成匹的布了。求学不就像织布吗？只有通过长年累月的不断钻研，才能提高自己的学问和修养，将来才能大有作为。如果学一半就回来，不就和剪断织布机上的丝线一样了吗？"

乐羊子听了妻子的这番话，不仅惭愧，更是感动，稍作休整，就外出继续拜师求学了。

势不可当 | 老当益壮 | 如愿以偿 | 宽宏大量

老当益壮

东汉时期的大将军马援，知书达礼，忠厚耿直，胸怀大志。

马援做了扶风郡的督邮后，做事一丝不苟，兢兢业业，周围的人都很信任他。有一次，郡太守派他押送一批犯人。半路上，他了解到犯人们家里的情况，又看到犯人们痛苦的样子，竟忍不住心生怜悯，把他们私自放了。他知道自己宽宏大量放了人，必定要被追责，所以也不敢再回去，而是跑到北地郡躲了起来。

不久，正好赶上天下大赦，他的这点罪过不会再被追究了，他便在当地安心地种起了田，养起了牲畜。几年时间，马援养的牛羊增加到几千头，粮食也能收获几万石。可是，他经常把这些牲畜和粮食分散给周围的人。大家都不理解，经常会有人问他为什么要这样做。每到这时候，他总是会慨然长叹："我呀，志不在此。大丈夫，应该壮志凌云，把一身本事用在为国家效力上呀！这些财物应该分给那些需要救济的人，否则不就是守财奴了吗？"

后来，马援投奔了刘秀，不仅为刘秀一统天下、建立东汉王朝立下了赫赫战功，而且在天下统一之后，多次率领部队东征西讨，在平定陇西、岭南等大大小小的战役中取得了胜利。

马援六十二岁的时候，南方的少数民族五溪蛮发动叛乱。光武帝刘秀先期

派去的将军刘尚，由于采用了错误的战略战术，导致全军覆没。一时间，朝廷内外忧心忡忡。马援毫不犹豫地向光武帝请命出征。刘秀觉得他年事已高，就劝道："我理解你为国效力的忠心，可是以你这般高龄，再亲自带兵出征，实非易事啊！你还是不要去了。"不想马援却一脸坚定，斩钉截铁地说："臣虽然年事已高，但还能披甲上马。"刘秀依旧不放心，可是也不愿意打击马援的忠心，就说："要不然你试试看还能不能上马带兵吧！"马援马上走出殿外，身披铠甲，手持兵器，飞身跃到马上。那矫健的身手，竟和年轻时一样。他手扶马鞍，四下顾盼，须发飘飘间，神采飞扬，英姿飒爽。刘秀见老将军豪气四射，感慨万分地说："这个老头，真是老当益壮啊！"

马援以六十二岁高龄，如愿以偿地率军出征了。他和士兵们一起风餐露宿，激励士兵以势不可当之势奋勇杀敌。不想，当地气候湿热难当，马援染上重病，最终殒命疆场，实现了他马革裹尸、不死床箦（zé）的人生志向。

投笔从戎

　　班超是东汉著名的军事家、外交家。他从小就广泛地阅读历史典籍，小小年纪就累积了丰富的知识，而且通过读书，慢慢变得明事理、善思辨，成为人才出众的"小才子"。

　　后来，哥哥班固被皇帝征召为校书郎。由于哥哥的俸禄并不多，班超就常常承揽一些给官府抄书的工作贴补家用。每天埋头抄书，让胸怀大志的班超心中异常苦闷。一天，他突然把笔往桌上一扔，转身对旁边的同事大发感慨："哎！身为大丈夫，怎么能够总干这种抄抄写写的事情呢？我们应该效仿傅介子和张骞（qiān），出使外国，为国家出力啊！"那些比他年长得多的同事，看他激动地边说边挥着手，恨不得马上就要出发的样子，都笑他痴人说梦。看着同事们一个个无动于衷，甚至还嘲笑他，班超备感无奈，摇摇头说："你们这些凡夫俗子，怎么能理解志士仁人的襟怀呀！"

　　数年后，班超真的投笔从戎了。在随军北征，与匈奴的交战中，由于出色的领导能力，班超被委派出使西域，联络西域各国，共同对抗

54

匈奴。

　　班超一行人首先到达鄯善国。鄯善国在今天的新疆。对于从遥远的大汉王朝来的使者，鄯善王非常敬重。他用最高规格的礼仪接待他们，并且嘘寒问暖，非常热情。可是没过多久，鄯善王突然变得冷淡下来，而且躲躲闪闪，不再主动和班超接触。敏感的班超马上意识到出现了新情况，赶紧召集部下商议对策。班超说："你们发现鄯善王最近态度变得冷淡了吧！我猜想，一定是匈奴使者来了，胁迫鄯善王，不让他与我

们合作。"几位部下连声应和:"就是,就是,他见了大人您都绕着走。""今天的饭菜也不如往常了。""大人,我们该怎么办?"班超踱来踱去,一脸严肃地陷入沉思。几分钟后,他突然停下脚步,双目如炬,看着所有部下说:"不入虎穴,焉得虎子!"然后清楚明了地安排布置了一番,大家就分头行动了。

过了一会儿,平时负责招待他们的鄯善国侍者进了房间。还没等他站稳,班超突然发问:"我知道匈奴的使者来了,他们住在哪里?"侍者没有丝毫心理准备,慌乱之间编不出别的话,只好如实相告。为了防止走漏消息,班超把侍者暂时关押起来,然后对部下下达了行动的命令。

天刚刚黑下来,班超就率领挑选出来的将士直奔匈奴使者驻地。他们兵分两路,一部分人拿着鼓,藏在匈奴使者驻地的后方;一部分人拿着刀枪弓弩(nǔ),埋伏在大门两边。当时正刮着大风,班超在上风口放了一把火,火势瞬间蔓延。持鼓的士兵趁机敲鼓,所有埋伏的人员大声喧嚣。一时间,前后鼓噪,声势喧天。匈奴人无法辨识真相,乱作一团,夺门而逃的被直接击杀,其余全部葬身火海。

第二天,当班超提着匈奴使者的头颅给鄯善王看时,鄯善王大惊失色。在班超的好言劝慰下,鄯善王终于表示愿意归附大汉朝廷。

班超出使西域长达三十一年,他凭借自己的大智大勇,不但维护了西北部边疆的安全,而且加强了汉朝与西域各国的联系,促进了民族融合,在中国历史上留下了气贯长虹的一笔。

迂回曲折
焦头烂额
绘声绘色
望梅止渴

望梅止渴

东汉末年，曹操率领部队去攻打张绣。

当时正值盛夏，太阳像个大火球似的挂在空中，大地被烤得火辣辣的，好像有一层看不见的气体在升腾，树木都要被烤焦了，

57

蔫蔫地耷拉着脑袋。出征的山道迂回曲折，两边的山石也被阳光晒得滚烫滚烫的，空气好像凝固了一般。大队人马连续走了十多天，一路走来，都没有碰到有水的地方。士兵们又渴又燥，一个个焦头烂额，一些体弱的士兵竟然晕倒在路边。眼见着大部队东倒西歪，摇摇晃晃，马上就要支撑不住了！

连日行军，曹操也口干舌燥，嗓子里就像着了火一般，嘴唇干裂得直往外冒血（xiě）。他忧虑地看看空中的太阳，再看看早已苦不堪言的士兵们，心里焦急万分：再这样下去，别说战斗了，到不了目的地，士兵们就全得倒下。

"不行，不能再这么磨磨蹭蹭地走下去了！我得想个办法，激励大家用最快的速度走出这片干旱地带。"曹操心里默默地盘算着。忽然，他灵机一动，有了主意。

只见他策马跑上不远处的山岗，在最高处从左边跑到右边，又从右边跑到左边，一边跑，一边眺望。然后，他用最快的速度冲下来，故意发出惊喜的喊叫："啊呀，前面有好大一片梅林呀！那梅子又大又红，吃起来肯定酸甜可口吧！将士们，大家加快速度，绕过这座山，就能吃到梅子了！"曹操绘声绘色地描述着。

士兵们一听，都来了精神，想想那酸甜可口的梅子，口干舌燥的感觉好像都减轻了。大队人马不由得加快了前行的步伐。

老骥伏枥

东汉末年，地方割据势力越来越强大，虚弱的中央王朝根本无力掌控局面，所以，群雄争斗的大剧，再一次在中华大地上上演。

时为丞相的曹操，挟天子以令诸侯。他借着皇帝的名义，出兵征讨各种势力：镇压了风起云涌的黄巾军；诛灭了试图控制朝政的董卓势力；在官渡之战中，又基本消灭了北方最大的劲敌袁绍。从此，不论军事实力，还是政治影响力，曹操都掌握着主动权。结束割据，统一国家，一直是曹操的梦想，现在，他终于看到了统一北方的曙光。

官渡之战惨败后，袁绍病死。他的两个儿子袁尚、袁熙，率领残部投奔到乌桓族门下。乌桓族盘踞在北部辽宁一带，兄弟二人试图借乌桓族的势力，期冀东山再起。

雄心勃勃的曹操怎么可能给他们留下喘息的机会呢！他趁着军威大振之机，亲率大军，远征乌桓。

然而，迈出远征的步伐，才发现，这真是一条充满艰难的路啊！

大军到达无终这个地方，突然天降大雨。百年一遇的大雨，给行军的士兵们"送"来了一波又一波的洪水。道路泥泞异常，将士们根本找不到下脚的地方。怎么办？是继续前进，还是退回去？很显然，退回去就意味着彻底铲除袁绍残余力量的计划泡汤了，这会给以后的统一大业留下无穷的祸患。

恰在这时，被称为"辽西地理通"的田畴给曹操出了一个妙招："有一条荒废了二百多年的小路，我们可以率领精兵，从小路急行军，以迅雷不及掩耳之势抵达乌桓，趁着他们没有准备之机，杀他个落花流水。"

曹操一听，马上接受了这个建议。他让部队放出话，说因为天气恶劣，部队要暂时班师回朝，待秋冬天气好转后再来征讨。然后，曹操选定一支精干的队伍，向全军下达指令：扔掉辎重，全速前进。

这是一条不成形的路，曹操大军见山开山，遇谷填谷，顶烈日，踏泥丸，迎暴雨，斩荆棘。数月后，当一支衣衫褴褛、灰头土脸的大军突然出现在乌桓人面前时，乌桓人果真乱了阵脚，全军崩溃，乌桓单于蹋顿死于混战。

袁氏兄弟病急乱投医，竟然逃到了和他们有矛盾的平州公孙康处。曹操手下的大将知道后，火急火燎地向曹操请战，希望乘胜追击，一举拿下平州。可曹操却不着急了，胸有成竹地交代部下：“不急，不急，这个时候咱们去攻打平州，只会逼得公孙康和他们联合起来抵抗。他们之间本来就有矛盾，咱们等等，用不了多久，他们就该自相残杀了。坐收渔翁之利的事，为啥不干？”果不其然，没几天，公孙康就把袁氏兄弟的头颅送到了曹营。至此，曹操统一北方的大业终于完成了。

当曹操班师回朝，走出满目疮痍的塞北之地，站在山巅，远眺夕阳之下金光点点的沧海之水滚滚远去，不禁感慨万千。这时候的曹操已经五十三岁了，想想自己这么多年来只为实现统一的宏愿而南征北战，历尽艰难。如今，终于可以把眼光投向南方，开始统一南方的征程了。他不禁豪情激荡，咏出了著名的《龟虽寿》。“老骥伏枥，志在千里。烈士暮年，壮心不已”，这就是那颗激荡着激情和梦想的心脏发出的呼喊……

割席断交

好逸恶劳
探头探脑
割席断交
分道扬镳

东汉末年，发生过一对好朋友断交的故事。事情是这样的……

管宁和华歆是同窗好友，每天一起读书，一起交游，形影不离。

有一天，两人一块儿在菜园里锄草。忽然，管宁的锄头下发出"当"的一声脆响。"咦！砸到什么东西了？这么硬！"管宁好生奇怪，蹲下身来，定睛看了看，一边自言自语地说："我还当是大石头呢，原来是锭金子。"一边立起身子，挥动锄头继续锄草。

"什么？金子？"不远处的华歆听到这话，心中一动，丢下锄头，赶紧奔了过来，捡起金锭仔细端详。

　　管宁见状，一边继续挥锄干活，一边提醒华歆：“钱财应该靠自己的辛勤劳动去获得，贪图不劳而获会使人好逸恶劳的。有道德的人是不会这样做的。”

华歆听了，嘴里念叨着："我懂！我懂！"手却还在不停地摩挲着金锭，不舍得放下。后来，看看管宁那不屑的样子，他才很不情愿地放下金子，继续干活。管宁见他一副恋恋不舍的样子，不禁暗暗摇了摇头。

又一次，两人坐在一张席子上看书，正看得入神时，忽然听到窗外人声鼎沸，锣鼓喧天，隐约还能听到官差的吆喝声和百姓的吵嚷声。原来是一位达官贵人乘轿从这里经过，轿子装饰得豪华炫目，随从前呼后拥，威风凛凛。

管宁看了一眼这乱糟糟的场面，皱皱眉头，又低头读起书来，好像什么都没有发生一样，对此番喧闹充耳不闻。

华歆却坐不住了，完全被那喧闹的声音和眼花缭乱的人群吸引住了。"看看嘛，看看嘛！"他边说边走到窗边，探头探脑地看着窗外，完全忘记了读书这回事。

管宁目睹了华歆的所作所为，再也无法掩饰心中的失望和惋惜。等华歆重新坐回来的时候，管宁拿出刀子，当着华歆的面，把席子从中间割成两半，痛心而决绝地说："咱们俩的志向和情趣太不一样了，从今以后，我们割席断交，不再是朋友了。"

管宁和华歆终究分道扬镳，走上了不同的人生道路。

三顾茅庐

脱颖而出　三顾茅庐　不辞劳苦　风餐露宿

东汉末年，天下大乱。曹操挟天子以令诸侯，经过几个关键战役，逐步掌控了北方大局。而南方，孙权在东吴的地位也日渐稳定。这时候的刘备，力量相对比较弱，但是身边已经聚集了一批有勇有谋的人才。

谋士徐庶因为要离开刘备，去侍奉生病的老母亲，就向刘备举荐了隐居隆中的诸葛亮。徐庶向刘备介绍说："诸葛亮胸怀天下局势，是可以帮助主公夺取天下的俊杰。"刘备一听，无比兴奋，马上请徐庶引荐。徐庶却说："此人胸怀大志，却淡泊名利，所以他不会屈就到这里的，还是您去拜访他为好！"于是，刘备带着张飞和关羽亲赴隆中，准备力邀诸葛亮出山，辅佐他成就大业。

刘备一行一路上风餐露宿，不辞劳苦，终于赶到隆中卧龙岗。隔谷远望，只见对面小山茂林修竹掩映，郁郁葱葱，透着灵秀之气。那山势一边高昂，一边缓缓下垂，真如卧龙盘踞。刘备感慨长吁："如此灵秀之地，所居必是奇才呀！"

三人沿着山路前行，一路青松翠竹遮天蔽日，潺潺流水蜿蜒相伴。几个转弯过后，就见一座茅屋静伫在山间，与周围的篱笆、草木浑然天成，那院中零星散落的野花，更平添了一抹俏丽的情趣。连大刺刺的张飞，都情不自禁地感叹："好一个幽静雅致的住处！"

　　三人叩响柴门，不一会儿，出来一位书童，告知说："先生出游去了，说不准什么时候才能回来。"刘备失望极了，只得留下姓名，悻悻而归。

　　过了些时日，刘备又带着张飞、关羽前往隆中。这时候正值隆冬季节，多日的大雪纷飞，大地早已一片银装素裹。三人冒着风雪，再次来到卧龙岗时，又被告知，诸葛亮去赴朋友之邀了。无奈，刘备只得留下一封信，表达了恳请诸葛亮出山，帮助他平定天下的愿望。

　　转眼到了早春时节，刘备选择良辰吉日，沐浴更衣，准备再次前往卧龙岗。关羽沉不住气了："诸葛亮莫不是徒有虚名吧，要不然为什么总是避而不见呢？"张飞更直接，暴躁地说："这次哥哥你不用去了，我独自前往，直接把他绑来好了！"刘备赶紧斥责二人："先生本是大贤之人，我们请他出山，怎么可以如此无礼！"关羽、张飞只好跟着刘备，再次来到卧龙岗。

　　他们到的时候，诸葛亮正在睡觉，刘备不愿惊扰他，在门外静静地候了半晌。待诸葛亮睡醒，发现刘备三人已等候多时，非常惭愧，赶快整理衣裳出门迎接。

二人畅谈良久，刘备感佩诸葛亮对天下形势的判断，认同他提出的"三分天下"的战略愿景，再次诚恳相邀。诸葛亮也被刘备三顾茅庐的气度和诚意深深打动，答应出山帮助刘备完成定国安邦的大业。后来，在诸葛亮的辅佐下，刘备在乱世中脱颖而出，建立了蜀汉政权。

赤胆忠心 封金挂印 仁至义尽 苦口婆心

封金挂印

汉献帝建安四年，曹操派投靠在自己麾下的刘备，率领朱灵、路昭的军队至徐州截击袁术。任务完成后，朱灵、路昭带着部队返回曹军大本营，刘备却借机留在徐州，并且找机会消灭了徐州刺史车胄，占领了徐州。周边很多郡县纷纷叛离曹操，投奔刘备而来。这时，袁绍也派军队支持刘备，刘备的实力一下子壮大了很多。曹操一时间四面楚歌。该怎么突破困境呢？曹操分析了当前敌人的整体情况后，认为刘备立足未稳，人心未定，是解决掉他的最佳时机。

于是，以刘备为突破口，曹操策划并实施了一系列闪击战：先是击破刘备主力，俘获刘备的两位夫人和大将夏侯博；接着占领下邳，生擒关羽；之后又解了白马之围。在很短的时间内，曹操取得了辉煌的战绩。

刘备被打败之后，与关羽、张飞失散了。当曹操率军占领下邳，把关羽逼入绝境的时候，曹操大喜。关羽的勇猛早已威震天下，如果关羽能够为己所用，岂不是一件大喜事？所以，曹操马上派与关羽相识的张辽去劝降。

没想到，面对张辽的苦口婆心，关羽大义凛然，冷冷地说："让我投降，必须满足三个条件：一、我只降汉献帝，不降曹操；二、曹操要善待刘备的两位夫人；三、一旦与刘备取得联系，马上放我走。三个条件缺一不可，否则我宁愿赴死。"曹操历来爱惜人才，对关羽这样有情有义的将才，更是尊重有加，所以一股脑全都答应下来，并且赏赐给他很多金银。汉献帝还任命关羽做了偏将军。

曹操在之后与袁绍的交战中，其部将被围困在白马。已经投降了的关羽向曹操请战，曹操却犹豫起来。他和幕僚商议："关羽对刘备忠贞不贰，如果让他出战，一旦有了战功，他肯定就会要求离开我们啊！""可是解白马之围，是当务之急啊！"考虑再三，曹操决定派关羽和张辽率军出战。关羽果然不负众望，在飞驰的战马上，挥刀将袁绍大将颜良斩杀于马下。至此，白马之围解除。

曹操马上奏请朝廷，给荣立战功的关羽封官授爵，赏赐金银。关羽被授予汉寿亭侯，并接受了一枚专门为他刻制的大印。

关羽挥刀斩颜良，这一消息很快传遍了对峙的各方势力。刘备也因此知道了关羽的去向。不久，关羽收到了刘备的亲笔信。自从断了音信，关羽无时无刻不在牵挂刘备的安危，今天终于有了主公的消息，见字如见人，关羽即刻上马奔向丞相府，他要告诉曹操，他有了刘备的消息，要马上去找刘备，要带着两位嫂夫人离开这里……

可是，曹操的府邸大门上高悬着"回避"两个大字——曹操不见客！不能见啊，曹操明知关羽是要辞行，如何舍得放他走啊！关羽再赶到张辽的府邸，张辽也推病不见。关羽知道，曹操爱惜自己，不愿意放自己走。可是关羽也知道，自己不可能留在这里。于是，他返回住处，匆匆写就一封辞别信，把历次接收的金银封起来，和汉寿亭侯大印一起存放妥当，然后，护送着两位嫂夫人奔刘备而去。

一路惊险不断，关羽且走且战，冲过各种关卡。望着绝尘而去的关羽，曹操的部将急了："我这就带兵去追杀他们。"曹操却缓缓地摇摇手，惋惜地说："让他们去吧，关羽是个有情有义的将才。"

曹操实现了当初对关羽的承诺，可谓仁至义尽。关羽封金挂印，千里走单骑，呈现给世人一颗赤胆忠心。

单刀赴会

东汉末年，天下大乱，各方势力互相碾压，比较大的势力有曹操、孙权、刘备等几家。东吴的孙权将荆州之地借予刘备，让他加紧练兵，壮大自己，以图结成孙刘联盟，共同对抗强大的曹操。

几年后，逐步强大的刘备攻占益州后，孙权就想收回荆州，没想到被刘备一口拒绝，于是双方展开了你争我夺的战争。孙权派鲁肃出马，刘备派关羽领兵。双方剑拔弩张之际，鲁肃从大局考虑，觉得应当维护孙刘联盟，不给曹操可乘之机，所以决定约关羽当面商谈，用策略达到既收回荆州，又维护联盟的目的。

关羽接到邀请，手下众将都劝阻说："这种紧要关头，鲁肃邀您过江见面，其中一定有诈。"关羽说："我怎么会不知道他的用心，但是不去的话，岂不是显得我们惧怕东吴，而给主公蒙羞？"众将说："将军侠肝义胆，智勇双全，但毕竟在他们的地盘，还是要多做准备呀！"于是，关羽做了一番周密的安排，便铤而走险，单刀赴会。

第二日晚间，月明星稀，万物寂寥，微风掠过江面，带起层层涟漪。只见关羽一人一刀，带着几名随从，乘小舟渡江而来。酒过三巡，菜过五味，鲁肃直奔主题："云长（关羽字云长）兄，不知你家主公何时能够归还荆州？"

关羽大手一挥，哈哈一笑，将话题岔开："子敬（鲁肃字子敬）兄，主公的决定我哪能知道？今夜月朗风清，你我二人酒逢知己，喝酒喝酒，莫谈国事。"哪料，鲁肃眉头一皱，步步紧逼："当初你们兵马不足，我家主公借荆州之地以供你们练兵，现今你们已经占据益州，为何还不归还荆州？难道你们要做令天下人耻笑的事情吗？"关羽依旧不接话茬，继续举杯饮酒。鲁肃一看关羽不接话茬，继续紧逼："你我身为人臣，应当顾全大局，以义辅主，否则后患无穷呀！"

突然，关羽身边的随从接话反驳道："天下的土地，有德的人都可以统领，为什么荆州一定要由你东吴占据，这是什么道理！"关羽拍案而起，假装大怒，厉声斥责："小子多嘴！国家大事，哪里轮到你在这里胡说！"说着，一把夺过随从捧着的青龙偃月刀指向他。随从假装被吓得退了出去。

鲁肃正要命令刀斧手冲进来，只见关羽一手提刀，一个踉跄挽住鲁肃，醉眼惺忪地瞅着鲁肃，亲热中带有几分杀气："子敬兄，今日不要再提荆州之事了，我有些醉了，再说恐怕要伤了咱俩的情谊啊！改日我请你到荆州，我们再作商议，可好？"鲁肃被他抓着，一时竟无法挣脱，那些埋伏的刀斧手害怕伤了鲁肃，也不敢轻举妄动。就这样，鲁肃一直被关羽拉到江边。那些提前埋伏的兵士早已在船上等候，关羽一到，即被迎上船安全离开。

鲁肃无奈，只能眼睁睁地放关羽过江离开。他感慨道："刘备有关羽这样的义士辅佐，真是他的福分啊！"后来，孙刘两家从大局出发，达成了平分荆州的协议，孙刘联盟得以继续。

手不释卷

东汉末年，有一位 骁勇善战，凭胆识和勇猛威震疆场的名将，他就是吕蒙。

吕蒙跟随孙权东征西讨，屡立战功，渐渐成为孙权信任并且倚重的大将。一次，吕蒙向孙权禀报完事情，正欲转身离去，孙权突然把他叫住，跟他说："吕将军如今身居要职，掌握的权力越来越大，肩上的担子也越来越重，可不能再不学习啦，平时还是多读点书吧！"吕蒙一听说的是读书的事，就有些作难，面露难色道："是应该多读些书，可我平时军务杂乱繁多，实在顾不上读书啊！"

孙权招呼吕蒙坐下，说道："我让你多读些书，并不是让你花大把大把的时间研究经典，也不是让你成为知识渊博的学者。我只是希望你通过广泛地阅读书籍，了解更多历史上发生的事情，从前人做的事情里，可以学到很多经验教训，这样，你考虑事情就会更全面，点子、办法也更多了呀！"

"是的，是的，主公说得极是，就是平时抽不出那么多时间啊！"

"只要有心做，怎么会抽不出时间呢？你处理的事情再多，能多得过我吗？我读书，都是利用零零散散的时间，每天坚持读一点，感觉对自己帮助很大。所以只要有心，总是能挤出时间的。"

这一下说得吕蒙不好意思了，他赶紧起身，向孙权躬身拜谢："明白了，

主公，明白了！"

"你赶紧把《孙子》《六韬》《左传》《史记》《汉书》这些书，都一一拿来读吧。孔子不是说嘛，每天不吃饭不睡觉地思考问题，也不如多读些书的收获大呀（终日不食，终夜不寝以思，无益，不如学也）！"

"明白了，明白了。"自此，吕蒙果然**手不释卷**，不论在军中，还是府邸，总能看到他手捧简牍的身影。日积月累，吕蒙读的书竟然连那些老儒生都比不了了。

鲁肃是孙权身边非常得力的谋士和将领，一向对吕蒙不以为然，觉得吕蒙一介武夫，只是有勇，不会用谋。他接替周瑜统领军队之后，有人建议他去拜会吕蒙，说如今的吕蒙已经不能用老眼光看待了。于是，鲁肃半信半疑地拜访了吕蒙。席间，酒到酣处，吕蒙突然问鲁肃准备采取什么策略应对关羽。刚刚上任的鲁肃，还没有对这个问题进行全盘谋划，竟然一时语塞。他匆匆应答："遇到事情，临时看情况办吧！"吕蒙听了，露出诧异之色："虽然现在孙刘联盟了，可毕竟关羽如熊虎，千万不可掉以轻心呀，还是应该预先谋划应对策略的。"之后，吕蒙给鲁肃详尽地讲了自己对当前形势的分析和判断。鲁肃一边听，一边不住地表示赞同。等吕蒙说完，鲁肃竟然越席而起，三步并作两步走到吕蒙跟前，拉着他的手，赞赏地说："子明（吕蒙的字）啊，真没想到你的谋略竟然达到如此程度，真是**士别三日**，当**刮目相看**呀！"

从此，二人成了无话不谈的挚友。

初出茅庐

刘备三顾茅庐，盛情邀请诸葛亮出山没多久，曹操即派夏侯惇（dūn）率领十万大军，进攻刘备占领的新野。当时，刘备兵力只有三千人，抵挡十万曹军，那不是天方夜谭吗？于是，刘备打算放弃新野，逃到襄城这个地方再做打算。

"主公，您为什么要放弃新野呢？"这时，诸葛亮出来阻拦了。

刘备一听，知道诸葛先生一定有妙计，赶紧解释："咱们力量相差如此悬殊，万不得已才出此下策啊！您有更好的办法吗？"

诸葛亮把曹军将领分析了一番，又把新野可利用的地理优势仔仔细细地研究了一通，胸有成竹地告诉刘备："我们应战！"

诸葛亮一介书生，弱不禁风，主公竟然三顾茅庐邀其出山，关羽、张飞二人本来就不理解；诸葛亮来到身边后，刘备又极其尊重他的意见，二人更加不服气。一听说主公听从了诸葛亮的建议，要迎战夏侯惇的十万大军，张飞气恼地跟关羽发牢骚："派孔明去迎战就是了！"这天，刘备叫来关羽、张飞，一起商议应敌之策。

张飞的暴脾气马上发作，那张黑脸憋成了酱紫色："哥哥直接派孔明去应战多好啊！"关羽稍有节制，可也虎着一张脸不吭声。

"贤弟不可无礼，孔明先生有智，二位有勇，怎么能够逃避责任呢？"斟酌再三，他还是请诸葛亮来做主帅。

诸葛亮听说两兄弟如此不服气，就向刘备请示道："只怕众将领不听我调遣，延误了战机，所以需要借您的剑、印一用。"拿到剑、印，诸葛亮马上调遣兵力："众将听令！"

不以为然的张飞和关羽交头接耳："切！暂且听听他如何调兵！"

"云长领兵一千，埋伏在通往新野的豫山，敌军来了先放他过去，他的粮草辎重肯定在后面，等看到南面火起，迅速率军烧其粮草。翼德（张飞的字）率一千人马埋伏在山谷里，待南面火起后，马上率军杀向新野附近的博望坡。关平、刘封带五百人马，兵分两路，在博望坡候着，敌军一到，立即放火报信。赵云率军打前阵，但是只可败，不可胜。主公亲自率领一队人马做后援。就这样，各位带着自己的人马出发吧！"

"我们都出去打仗了，先生你干什么呢？"关羽终于忍不住了，毫不客气地问道。

"我在城中等你们啊！"

"哈哈哈……我们在外面厮杀，你在这里悠闲自在？"张飞气得牙痒痒，满肚子的不服气全变成了那一声声冷笑。

"剑、印在此，违令者斩！"诸葛亮冷峻的声音，让众人再也不敢说一个字，悄悄地分散开来，各自执行任务去了。

过了没多久，分散开来的各路人马纷纷凯旋。关羽、张飞见了面都异常兴奋。张飞说话那个神采飞扬："哥哥，这个仗打得痛快呀！孔明先生真是神机妙算，你看他要言不烦，几句话把咱们的任务分配得清清楚楚。这仗还真就是按着他的思路打下来的，你说神不神？""是呀，是呀，我们错怪了孔明先生。先生初出茅庐，就带着我们打了这么大一个胜仗。咱们以后多听先生的意见，肯定所向无前呀！"

七擒七纵

公元 223 年，蜀国开国皇帝刘备去世后，诸葛亮接受托孤重任，辅佐后主，巩固蜀国的统治。他准备向北发展，与曹魏争夺势力。为此，诸葛亮开始为北伐做准备。蜀国在地理位置上与西南少数民族接壤，少数民族很多部族经常对蜀地进行骚扰。为了保证北伐期间，大后方不出现四面楚歌的危机，诸葛亮决定先率军队解决掉南方的不稳定因素。

南征非常顺利，很短的时间，军队就准备凯旋了。这时候，不服气的少数民族部族首领孟获，又纠集了很多散兵游勇，时常突袭蜀军。

孟获是一位仁义忠厚之人，勇敢无畏，意志坚强，最主要的是，他还讲义气、有担当，所以，不但在自己部族中，而且在汉人中，或者其他部族中，都享有很高的声誉。大家都服他，都愿意听他的。诸葛亮听说是孟获组织起人马前来叫阵，心里已经有了主意。

第一仗，面对强悍、勇猛的部落军队，蜀军也不甘示弱摆开了阵势。阵前旌旗飘展、战鼓雷鸣，将士们喊杀之声震天响。出阵迎战的蜀军将领使出浑身解数，和孟获打在一起。可是，孟获太凶猛了，很快蜀军大将就败下阵来。孟获一看："哈哈，蜀军不过如此嘛！想跑？没门！"一挥大刀，孟获趋身紧追上去，却不料正好落入蜀军的埋伏。孟获被俘了。

五花大绑的孟获，被带到了诸葛亮面前。耿直的孟获，挺着胸，抬着头，一副不服气的样子。他早就想好了，这次被抓住就死定了，要死就要死得像个英雄。所以，见到诸葛亮，他连头都没有低一下。没想到，诸葛亮微笑着走到他跟前，二话不说，上前给他解开了身上的绳子，然后和颜悦色地劝他归顺。

"投降？想也别想！"傲慢的孟获断然拒绝。

"不急，不急，你再想想。这样吧，我先带你到处看看，你再做决定，如何？"

于是，诸葛亮带着孟获在布置过的几个营帐里进进出出，看了个遍。率性的孟获跟诸葛亮说："我以前不知道你们的实力，其实，你们也挺好对付的！"

"哈哈哈……"诸葛亮抚着美髯，一阵大笑，没说什么，便让人把孟获放了。

回去后的孟获挑选了五百壮士，连夜偷袭蜀军军营。不用说，刚刚踏入军营的孟获，和他的士兵们，再次被俘了。当然，诸葛亮再一次释放了孟获。

这一下，孟获吸取教训，不敢轻举妄动了，退到泸水南岸，只守不攻。诸葛亮可没有时间跟他耗呀，于是，下令造了一些竹筏子，派出少量士兵，划着竹筏，从正面强渡泸水。孟获下令，只要看见蜀军，就放箭射杀。于是，蜀军攻上来，被射回去，再攻上来，再被射回去，一波又一波。与此同时，大部队兵分两路，绕到上游和下游，对孟获据守的营寨实施围剿。外强中干的部落军队，看着从天而降的蜀军，方寸已乱。孟获又一次被俘了。诸葛亮照旧下令：释放孟获。

这一次，蜀军的将领们真的不理解丞相的葫芦里卖的什么药了，事不过三，怎么还放呢？

诸葛亮这才向大家解释说："咱们要想彻彻底底平定南方，就必须重用像孟获这样的人。只要孟获真心归顺咱们，南方有任何问题，他都会搞定的。这样，我们去北伐，就无后顾之忧了呀！"

就这样，七擒七纵之后，孟获终于从心里服了诸葛亮。他迷途知返，说服周围的部族归顺了蜀国。

诸葛亮用智慧和仁义，收获了人心，换来了蜀国大后方很多年的和平与安宁。

鞠躬尽瘁 死而后已

尽心竭力

无与伦比

鞠躬尽瘁

死而后已

　　东汉末年，当刘备三顾茅庐，将诸葛亮从南阳山中请出来，辅佐自己复兴汉室天下的那一刻，中国历史上便永久镌刻下"诸葛亮"的名字。而这一名字，被无数后人敬仰、赞颂。

　　在辅佐刘备的十数年间，作为军师，当每一场战争来临，诸葛亮都要根据敌我双方的实力强弱、将帅个性、地理环境等因素，通盘谋划，调兵遣将。诸葛亮神奇的预测能力和对各路人马的有效使用，让关羽、张飞、赵云这些久经沙场的老将佩服得五体投地，后来简直就唯军师马首是瞻了。

在长期实战经验累积的基础上，博学多才的诸葛亮创制出一套叫作"八阵图"的作战阵法。在实战的时候，"八阵图"是用乱石堆砌完成的。而这些看起来奇奇怪怪的石阵，却是诸葛亮吸收了井田和道家八卦精华，进行排列组合的成果。每一阵都包含了天文、地理方面的很多玄机。石阵的每个位置，都有它不可替代的作用。在战争中，指挥者的号令一下，每个阵位的行动，都是敌军致命的"筹码"。

"八阵图"为蜀军无数个战役贡献了天才的智慧。

为了扩大蜀国的版图，提升国家的实力，诸葛亮亲率大军北伐，试图利用汉中地处魏蜀交界的地理优势，伺机从魏国获取资源。长年的北伐战争，保证粮草按时运送是一项浩大的工程，诸葛亮以自己的智慧，发明了"木牛流马"，很好地解决了运输问题。"木牛流马"是依据牛和马负重量大的特点，打造的外形像牛、像马一样的运输工具。一辆"木牛流马"可以载重大约四百斤，每天跋山涉水，可以行走数十里地。在蜀军北伐的很多战役中，"木牛流马"如天降神兵，成为数十万大军粮草供应的"及时雨"。

在刘备称帝之后，以及刘备去世后辅佐后主刘禅的日子里，作为丞相的诸葛亮，遵守礼制，慎用权力，一切施政措施，都以安抚百姓为出发点。他严厉约束官员，制定出国家的法典《蜀科》，而且就事论事，胸怀坦诚，依律行事。凡是为国家尽忠效力的，即使是自己的仇人，诸葛亮也会委以重任，只要有功，必会论功赏赐。而对于玩忽职守、唯利是图的官员，就算是亲近的人，诸葛亮也会严惩不贷，绝不姑息。诸葛亮处理政务，总是一针见血地直指事情的根本，绝不为了自己的虚名，浪费国家的钱财，消费老百姓的信任。长此以往，诸葛亮成为官员们心中既害怕又敬仰的丞相，成为老百姓拥戴的丞相。

为了增加国库收入，保障连年征战的粮草供给，诸葛亮在汉中地区改良了水利工程，使汉中近五万亩良田得到充足的水源滋养。这套科学的水利工程，被称作"山河堰"，直到近两千年后的今天，它依然在汉中地区的农业灌溉中发挥着重要作用。在他的治理下，蜀地虽连年战争，不算富有，可是社会秩序却有条不紊。

刘备在世的时候，经常感慨地说："孤之有孔明，犹鱼之有水也。"可见，在刘备的心中，拥有诸葛亮于他而言，就是如鱼得水啊！因此，弥留之际，刘备才会郑重地向老丞相托孤，恳请他一定尽力辅佐年幼的后主。

而诸葛亮也倾尽一生，为国尽心竭力。公元234年，五十三岁的诸葛亮终于积劳成疾，病故于征战途中。面对当时魏军主帅司马懿的步步紧逼，诸葛亮嘱咐部将，自己一旦故去，一定不可声张，因为他太了解自己的这个对手了。果然，在司马懿率军追上蜀军的当口，眼见蜀军旌旗招展，诸葛亮羽扇纶巾，稳坐战车，一向多疑的司马懿担心有诈，硬是放弃了给蜀军致命一击的机会，撤军而去。于是，历史上留下了"死诸葛吓走生仲达（司马懿字仲达）"的故事。

诸葛亮走了，除了用自己的遗体再建军功外，还留下遗言，命令部下将自己葬在汉中定军山，坟墓依山修建，墓穴只要能容下棺材即可。至死，他用最简洁的方式魂归大地，留给世人的却是无与伦比的智慧光辉和"鞠躬尽瘁，死而后已"的闪光人生。

言过其实

魏、蜀、吴三分天下，三国鼎立的局面呈现在中华大地上。刘备去世之后，诸葛亮等一帮大臣，辅佐后主刘禅，继续稳扎稳打，一步步巩固了蜀国的统治，并且寻找机会，扩大版图，提升国家实力。

公元227年冬,诸葛亮安顿好后主刘禅,便亲率大军北伐。诸葛亮谋划,大军应该驻守汉中一带。汉中距离魏、蜀两国的边界非常近,一旦有打击魏国的机会,他就可以第一时间调兵遣将,给魏国以致命一击。

第二年,诸葛亮瞄准祁山一带的街亭,决定把它作为北伐的据点。一旦占领这里,蜀军就可进退自如,对于北伐的推进将起到至关重要的作用。所以,行动之前,诸葛亮进行了周密的部署。

诸葛亮命令赵云领兵进驻箕谷,做出蜀军要攻打郿城的样子。魏军一看蜀军的动作,马上将主力调往郿城,以抗击蜀军。此时,诸葛亮亲点马谡为进攻街亭的主将,命他领兵,以迅雷不及掩耳之势直捣街亭。魏军被调开了,自己的部队也各司其职行动起来了,一切似乎都按照诸葛亮的预期进行着,曙光就在前方。

然而,街亭之战却意外失败了,而且败在了诸葛亮一向倚重的马谡手中。

马谡跟随刘备一路走来,一直为诸葛亮所赏识。他们经常一起分析时局,畅谈军事。每次,马谡都充满了激情。那雄心壮志的豪迈,不可一世的气势,都是一名将军不可多得的品质。诸葛亮越来越信任马谡,这一次的街亭之战,他就把这千钧重担压到了马谡身上。

没想到,恰恰是诸葛亮最信任的马谡,在最关键的街亭之战,违背了诸葛亮的部署。他向全军发出命令:"这一带地形险要,在那边的山上安营扎寨最安全。听令,在那边山上扎营!"有着丰富实战经验的副将王平马上提出质疑："将军，咱们出发前，丞相一再叮嘱，要坚守城池，稳扎营垒。在山上安营扎寨，太危险了吧？"

这时候的马谡，再次表现出了他的"自信"，他深信自己读了那么多兵书，绝不是做摆设的。"听令！就在山上扎营！"果断的语气不容置疑。王平非常无奈，但军令如山。全军扎好营寨后，王平请求马谡调拨给他一千人马，在临近的城池扎营。

结果，当魏军把蜀军围困在山上，蜀军断了粮草、水源，自乱阵脚，不战自败的时候，马谡无计可施，只能趁乱突围。而王平靠着那一千人马，不仅扰乱了魏军的进攻，还接收了很多从山上逃出来的自家兄弟。

街亭之战失利后，蜀军北伐的据点也就不复存在了，诸葛亮北伐的全盘部署被打乱了。

诸葛亮懊悔万分：使用马谡，是他的一次致命的决策败笔。他不禁仰天长叹："主公啊，怪我！怪我！如果听从您当初的劝告，就不会有今天的失败呀！"

原来，刘备临终前，曾告诫诸葛亮："马谡言谈浮夸，多是纸上谈兵，言过其实，此人不可重用。"可惜，不听忠告的结果就是这样残酷。

此后，虽然诸葛亮挥泪斩马谡，但此一失败，给北伐埋下的后患，却再也无法弥补了。

相煎何急

煮豆燃萁
危在旦夕
呼天抢地
相煎何急

煮豆持……

　　曹操之子曹植自幼聪明伶俐，才华横溢。他不仅风度翩翩，而且饱读诗书，十几岁就能写一手好诗文，深得曹操喜爱。曹操甚至一度想立他为世子，但因曹植实在有些不拘小节，不适合当自己的继承人，才放弃了这个念头。

　　曹操去世后，长子曹丕当上了魏王。曹丕一向心胸狭窄，心狠手辣，他不仅嫉妒弟弟曹植的才华，还对父亲当时宠爱曹植耿耿于怀，总是担心曹植会取代自己。因此，一直视他为眼中钉，总想找个借口置他于死地。

　　有一次，大臣华歆对曹丕说："曹植胸怀大志，如果不早点去除这个隐患，必定后患无穷啊！"此话正中曹丕心意，他不动声色地问："你有什么想法呢？"华歆赶紧说："大家都说曹植出口成章，我们不相信，不如您把他邀请到大殿之上，当面考考他。如果他完不成，正好趁机除掉他！您看如何？"曹丕听了，觉得不失为一条好计，于是下令召见曹植。

90

曹植正在家里饮酒作诗，忽然接到曹丕召见的旨意，赶紧换上朝服，整装肃容，随侍卫前往宫中。一路上，他忐忑不安，不知兄长为何忽然传唤他，心中隐隐升起一种不祥的预感。

大殿之上，曹丕面无表情地看着曹植走上前来，冷冷地说："你一向因才思敏捷、文采飞扬而受到父亲的喜爱。今天把你叫来，没有别的事，就是让我们领略领略你的才情。我限你七步之内作出一首诗，否则就不要怪大哥翻脸无情了。"

曹植听后，顿觉天旋地转，知道自己已经危在旦夕，不禁悲痛万分。但他也知道，呼天抢地是无济于事的，只有用智慧才能化险为夷。于是，他定一定神，开始思索起来。一步，两步，三步……每走一步，他都心如刀绞。走到第七步时，曹植脱口吟诵道：

煮豆持作羹，漉菽以为汁。

萁在釜下燃，豆在釜中泣。

本自同根生，相煎何太急？

煮豆燃萁，相煎何急，看着曹植清澈的眼神中，流露出的痛苦神情，曹丕羞愧万分，很后悔自己对兄弟的残忍，于是就把曹植放了。

偃旗息鼓

　　东汉末期的建安二十三年，刘备派大军进攻汉中。经过一年多的胶着争夺，汉中守将夏侯渊在一次战斗中，被蜀将黄忠斩杀于战场。汉中的战略要地落在刘备的手中。

　　曹操非常恼火，亲率大军出征汉中，发誓一定要夺回汉中。为此，他运送了大批军粮到汉水旁的北山脚下，作为军队的给养。蜀将黄忠打探到这个消息，马上向大将赵云请命："将军，曹操这次是下定决心要和我们争夺汉中了。听说他几乎把粮仓都搬到北山脚下了。咱们不如将计就计，拿他的粮草做做文章。"赵云也觉得，控制粮草是牵制曹操最好的办法，于是，大家一合计，赵云便派黄忠带上一支队伍，突袭北山，截断曹操粮草。临行前，二人约定了一个时间，一旦过了这个时间点，赵云就率军前去营救。

　　部队出发之后，赵云挑选出数十骑精兵，静静地等待黄忠的好消息。可是，约定的时间过了，却没有黄忠的一点消息传回来。赵云马上集合人马，向北山进发。走出不远，迎头便遇上了曹操大军的先头部队。赵云率领精锐的坚甲利兵，一次又一次冲进曹军阵列，曹军队伍一次又一

次散开又合拢。终于，赵云带着被
曹操掳去的黄忠和张著，飞一般驰
回营寨。

曹操怎肯善罢甘休，他亲率大部队，随着赵云的脚步追赶而
来。赵云的副将眼看着曹操大军压境，急得马上传令："关闭寨门，死守
严防！"

"等等！"就听一声断喝，赵云盯着高高的寨门，大手一挥："打开
寨门，偃旗息鼓，所有士兵按照之前的布防，守好自己的位置。我发出
进攻的命令之前，谁都不准动！"然后，赵云手持兵器，单枪匹马地立
在营寨门口，等候曹操的到来。

当高头大马载着威风凛凛的曹操奔至赵云的营寨前时，却意外地看

到寨门大敞，孤傲的赵云镇定自若地站着，似乎已经等候自己良久了。

生性多疑的曹操，手扯缰绳，骑着马儿溜达来溜达去，那双炯炯有神的眼睛，死死盯着不远处的赵云，心想："这是什么情况？难道赵云设好了伏兵，就等我往里钻？"

看看赵云，面无表情，一动不动。

"不对，他没有那么多士兵，难道在跟我玩空城计？"

再看看赵云，面无表情，还是一动不动。

"不行，绝不能冒险。"

只见曹操马上传令："全体往后撤二里。"庞大的队伍开始转身后撤了。

就在这当口，指挥若定的赵云，果断发出命令："全线出击！"一时间，旌旗挥舞，锣鼓齐鸣，杀声震天，飞箭如雨点般穿梭于曹军中间，蜀军气势如虹，杀入曹营。惊慌失措的曹军，还没明白是怎么回事，就被从天而降的箭矢打得晕头转向，个个乱了阵脚，自顾不暇地夺路而逃。战场上喊杀声、惊叫声混成一片。

败退的曹军没了踪影，战场恢复了寂静，可那遍地的曹军尸体告诉人们，这是一场用智慧换来的胜利。

第二天，刘备来到赵云的营寨，当看到累累战果，禁不住赞赏道："子龙（赵云字子龙）一身是胆啊！"自此，"虎威将军"的盛名遐迩闻名。

乐不思蜀

蜀汉开国皇帝刘备驾崩之后，他的儿子刘禅继位。继位之初，在丞相诸葛亮的辅佐下，蜀国不但治理得井井有条，而且在与魏国的多次交战中，双方互有胜负，实力基本相当。但是，待诸葛亮死后，庸庸碌碌的刘禅很快就无力把控国家大局了，渐渐地，蜀国陷入了危机四伏的境地。

公元 263 年，魏国司马昭派军队大举讨伐蜀国。刘禅轻信宦官黄皓的言辞，不做准备，使蜀国很快陷入绝境。无力抵抗的刘禅不得不带领大臣向魏国投降。

司马昭把刘禅押送到洛阳后，封他为"安乐公"，不仅赐给他豪华的住宅、丰厚的俸禄，还赏给他一百多名下人。刘禅每天沉浸在奢靡的享乐中，似乎完全忘记了自己是亡国之君。

一天，司马昭设宴款待刘禅。就在大家都开怀畅饮、笑声朗朗的时候，厅堂之上突然响起了悠扬的蜀地音乐。紧接着，身着蜀地服装的舞姬们，在宽敞的厅堂中央载歌载舞起来。

在座的蜀国旧臣，听着那熟悉的音乐，看着那熟悉的舞姿，都不禁触景伤情，一个个放下酒杯，羞愧地低头不语。而魏国的大臣们，却用鄙视的目光，打量着这群亡国君臣。就在大家都觉得尴尬的时候，刘禅竟然出乎意料地拍手大叫起来：“好啊，好啊，跳得好！跳得好！”那专注于享乐的脸上，竟然看不到一丝伤心的样子。

司马昭盯着刘禅看了好一会儿，突然转头，不解地问身边的贾充：“人真的可以糊涂到这种地步吗？我看，就是诸葛亮在世，也无能为力了吧！”贾充冷眼看着刘禅，抿嘴笑了，不屑地说：“如果不是这样，殿下您怎么可能吞并蜀国呢？”

司马昭看到刘禅每天过得心满意足，有一天，终于忍不住问他：“你每天这么开心，就没有一点想念蜀国吗？”没想到，刘禅乐呵呵地回答：“我在这里住得很快乐啊！为什么要想念蜀国呢？”

一时无语的司马昭见刘禅如此乐不思蜀，也就不再怀疑他了。就这样，刘禅虽然亡了国，却保全了性命，在洛阳安稳地度过了自己的余生。

卧冰求鲤

连日的大雪，把世界变成白茫茫一片，天与地之间，已经找不到相连的那条界线；落光了叶子的老树，覆上了厚厚的一层白色绒毯；就连那冰冻的小河，似乎都与旁边的道路连成了一片，分不清哪里是岸，哪里是河。

在这冰天雪地之间，一个少年伫立在岸边，眉头紧锁，紧紧盯着那条冰雪覆盖的小河。"母亲生病卧床好几天了，今天突然想吃鲜鱼。我怎么才能给母亲弄到鲜鱼呢？"一番思索后，少年跃到冰上，几番踩踏，终于选中一块地方，清理干净覆雪后，拿起手里的工具，奋力凿向冰面。渐渐地，冰面有了裂痕。少年紧张地盯着冰面之下。忽然，碗口大的地方涌出了河水，两条鲤鱼跃出水面，在冰上腾跃不止。少年兴奋极了，完全顾不上自己已经快要冻僵的身体，脱下外衣，兜着两条鱼飞奔回家……这个少年，就是魏晋时期，用卧冰求鲤的行动感动了无数人，被誉为中国"二十四孝"之一的王祥。

王祥很小的时候，母亲就去世了。不久，父亲就为王祥找了一位继母。善良的小王祥在继母的照顾下一天天长大了。可是，自从弟弟王览出生之后，王祥就感觉到继母对自己的态度有了变化。"给弟弟用的尿布还没有洗干净吗？""天都这么晚了，还不去做饭？""动作慢腾腾的，变得越来越懒了！"王祥的家里，总是传来继母不耐烦的斥责声。就连父亲，都好像受继母的影响，对王祥也不怎么疼爱了。小王祥难过了好一阵子，可善良的他还是尽心竭力地孝敬继母，帮继母干活。邻居们有些看不过去了，问他说："你继母这样对你，你还这么听话、这么孝顺，心里不委屈吗？"王祥总是憨憨地笑一笑，说："母亲太累了，她有时候心情不太好，我应该多帮帮她，更加孝敬她才对啊！"

日子就这样一天天过去了，继母年龄越来越大，王祥更加孝敬继母。他常常对弟弟说："母亲身体越来越不好了，咱们要尽量让她高兴，替她分忧啊！"在王祥的影响下，弟弟王览也成长为一个孝悌之人。

王祥做官之后，无论在哪个职位上，都高洁清廉，尽心竭力为老百姓做事，为朝廷分忧。

随着司马家族势力的越来越大，司马师、司马昭兄弟在朝堂之上专横跋扈，为所欲为，皇帝的权力被他们一点点剥夺、架空。曹髦登基之后，对他们非常不满，曾经在召见大臣的时候，气愤地说："司马昭之心，路人皆知啊！"甘露五年，忍无可忍的曹髦率领数百童仆讨伐司马昭，却被司马昭设计杀害。满朝大臣迫于司马氏的淫威，大都不敢作声，只有王祥匍匐于朝堂之上大声号哭，涕泪横流："这都是老臣的罪过呀！"令大臣们惭愧不已。

之后，司马昭受封晋王，王祥与荀颛（yǐ）一起去拜见他。王祥一向依规矩做事，不会逢迎，所以在路上，荀颛就提醒他："相国（指司马昭）地位尊贵，何侯（指大臣何曾）已经向他行过大礼了，一会儿，咱们也应该下跪行大礼啊！"没想到王祥一听，停下脚步，严肃地对荀颛说："相国地位再尊贵，也是魏国的丞相。我们是魏国的三公，在朝堂之上，三公班列相同。哪有三公动辄就给人下拜行大礼的道理？这样太有损国家的威严了，而且也有损晋王的德行吧！"见到司马昭，王祥果然只是依礼行事，反而令司马昭感动不已，连连说："我今日才真正知道，您对我是如何看重啊！"

晋武帝司马炎建立西晋王朝之后，拜王祥为太保，并评价王祥"德行高尚，是兴隆政教的元老"。王祥去世之后，司马炎痛心万分，下诏要"为他哭一场"。

王祥慈乌反哺，以至纯之性、至孝之心，对待家国，为人们所景仰。

惊天动地 洛阳纸贵 字字珠玑 书香门第

洛阳纸贵

西晋时期，有一位貌不惊人的

文人，长年不被当时的文化名流认可，却因为一部作品，从此轰动了文坛。

他就是《三都赋》的作者左思。

左思出身书香门第，从小生得瘦瘦小小，其貌不扬。亲戚朋友提起他，

总说"这孩子咋总是一副痴呆样子呢"。人们不太注意他，连他的父亲，

和同僚们聊起来，都常常长吁短叹："唉！这个孩子不成器呀，都这么大了，

学到的东西还不如我小时候呢！"

别看左思每天少言寡语，但是心气却很高。亲戚朋友不喜欢他，父亲也总嘲讽他，年轻的左思就下狠心对自己说："我要让你们看看，我到底行不行！"之后，左思发愤读书，经、史、子、集只要能找到的，他都拿到自己手边看。渐渐地，左思的文章不仅有了华贵之气，人们更在华贵之外，读到了一种踏实的思考。

左思读了东汉班固写的《两都赋》和张衡写的《二京赋》之后，心里产生了一个强烈的愿望："班固、张衡两位文豪把洛阳和长安写得如此有气势，可是总觉得文中的描写添加了很多他们个人的情感。我要写一部《三都赋》，把魏国的国都邺城、蜀国的国都成都、吴国的国都建业用赋体写出来，而且要写成最真实的样子。"

自从给自己确立了这个目标，左思就开始了漫长的资料查询之路。三个地方的历史、地理、风物、习俗等内容，他全部一一查证。暂时找不到资料的，他宁肯先放下，有机会找到资料再补充，也绝不轻易下笔，避免言而无据。资料有了，对自己要求甚高的左思，把注意力又聚集在文章的架构和文辞上面。他不让自己的文章有一句废话，每一段话都要成为经典。于是，左思每天被一堆又一堆的书包围着，一摞又一摞的废纸从书房里被清理出来。十个春秋的日日夜夜，左思沉浸在《三都赋》的撰写中，终于，《三都赋》问世了。

然而，当头一棒又毫不留情地落到左思头上。当他拿着自己的作品给那些文人们看的时候，收获的不是赞赏，而是无情的讥讽。"这么个无名小卒，居然敢写《三都赋》，简直自不量力！""一篇像样的文章都没有，能写出什么好作品？"难听的话一句接一句，倔强的左思认定自己的作品绝不是他们所说的那样一文不值，于是，他找到了著名的文学家张华。

张华看着左思呈送的《三都赋》，了解了他创作的整个过程后，开始逐字逐句地读起来。他越读越激动，不停地对左思说："好文章，好文章啊！"

"先生真的这么认为吗？只是很多先生都说它不好啊！"站在旁边的左思激动得不知如何是好，诚惶诚恐地询问张华。

"字字珠玑啊！那些世俗文人的话，不值一提，不要放在心上。我准备把它推荐给皇甫谧先生。先生厚德博闻，一定会喜爱你的文章。我和先生一起把你的文章推荐给世人。"

经过张华和皇甫谧的推荐，《三都赋》一夜之间风靡洛阳。原先讥讽左思的文人们，重新拿起《三都赋》仔细品读，最后都啧啧称奇。就连大文学家陆机看了《三都赋》，都对他的儿子说："我本来还准备写《三都赋》，现在左思把它写成了这个样子，我还怎么可能超过他呢？罢了，罢了，我不写了。"

就这样，洛阳的文人们，纷纷传抄《三都赋》，一时之间，市场上的纸价翻了两三倍，人们都说："《三都赋》使得洛阳纸贵，这真是文坛上惊天动地的大事呀！"

闻鸡起舞

朝夕相处
不甘雌伏
闻鸡起舞
生龙活虎

东晋有一位叫祖逖的大将军，他胸怀坦荡，文韬武略，是一个具有远大抱负的人。

可是，小时候的祖逖却不爱读书，是个每天只知道玩的淘气孩子。

渐渐地，祖逖长大了，他目睹了国家的衰败、战事的频繁、百姓生活的艰苦。祖逖看在眼里，急在心上，希望自己能为国家做点什么。这时候，他才发现，自己既没有学问，又不会武功，根本什么也做不了。于是，他开始发愤读书，认真习武，立志要通过自己的努力改变国家的现状。

他广泛地阅读书籍，学问长进得很快。为了汲取丰富的知识，他经常向有学问的人请教。接触过他的人都说："祖逖将来一定能成为辅佐帝王的栋梁之材。"二十四岁的时候，有人推荐祖逖去做官，但他觉得自己的能力还不足以担当大任，就没有答应，而是继续努力读书，刻苦习武。

后来，祖逖和他的好友刘琨一起做官，担任了司州主簿这个官职。二人朝夕相处，志趣相投，每天一起读书，一起习武，一起谈论国家大事。他们都不甘雌伏，希望自己成为真正的栋梁之材，报效国家。

一天半夜，祖逖在睡梦中被一阵阵雄鸡的鸣叫声惊醒。他突发灵感，一脚把刘琨踢醒，说："别人都说半夜鸡叫不吉利，我就偏不信这个邪，咱们不如以后听见鸡叫就起床练剑如何？""好啊！"二人一拍即合。从此，每天鸡叫后，两人就起床舞剑，你来我往，刀光剑影，生龙活虎。寒来暑往，每天坚持"闻鸡起舞"，二人才学、武艺突飞猛进，均成为赫赫有名的文武全才。

之后，匈奴进犯，祖逖被封为"奋威将军"，率军北伐，收复了很多失地。他终于实现了报效国家的愿望。

入木三分

博学审问
屏气凝神
积年累月
入木三分

中国历史上，三国鼎立之后，西晋王朝再次统一中国。可惜，在数千年中国历史的长河中，它只是昙花一现，仅仅存在了数十年。但就在这昙花一现间，闪耀中国书法史的明珠——王羲之出生了。因为他的大部分人生是在东晋度过的，所以后世的历史学家，习惯把王羲之称为东晋书法家。

公元 314 年的一个午后，一家府邸的书房中，一个小男孩跪在地上，仰着头，稚嫩的小脸上布满了愁云，脆生生的童音，满是焦急："爹爹，您就同意孩儿看这书吧！我能看懂的！"一边说，一边抓着父亲的手，使劲地摇着。面前的中年男子，就是孩子的父亲，著名书法家王旷，而小男孩就是十一岁的王羲之。

原来，吃过午饭，王旷回到房间，准备拿出放在枕头下面的《笔论》翻看，却发现《笔论》不翼而飞了，"不用说，一定又是那个秃小子悄悄拿走了"。他回身对妻子说："你去把他叫来，我问问他。"

不一会儿，王羲之低着头，乖乖地跟在母亲身后进来了。王旷板着脸问："你是不是又悄悄拿走我的书了？"王羲之一看瞒不住了，嬉皮笑脸地撒娇说："爹爹真是神了，您怎么知道是我拿了？"看着儿子稚嫩的小脸上满是讨好的表情，王旷疼爱得真想抱抱他，可是，他却忍住笑意，绷着脸训斥道："还敢笑！以后不许再偷偷拿爹爹的书。等你长大了，这些书都是要给你看的，但是现在不行！"孩子急了，问："为什么现在不能看？""那是讲写字怎么运笔的书，你还太小，看不懂！""现在不能全部领会，可是多学几遍，懂的就多了。"这时候，母亲在一边帮腔："他恐怕早就开始揣摩运笔的方法了！"一看母亲在帮自己，王羲之赶紧说："是的，是的。如果等我长大了再去琢磨笔法，岂不成了日暮之学，大好时光白白浪费了！"

王旷对这个儿子一向要求严格，总是教导他做学问要博学审问。儿子不仅这么做了，还常常超出自己的要求。现在看他态度这么坚决，当然就同意了。父子俩坐下来，拿着《笔论》，王旷诲之谆谆，王羲之屏气凝神。王羲之把自己的理解说与爹爹，王旷或点头赞许，或稍加指点。父子二人授受相融的场面，经常在那间书房上演。

王羲之自小就跟随著名书法家卫夫人学习书法，有了扎实的临摹功夫，这下又有了理论的指导，只短短几个月，书法便有了突飞猛进的提高。当王羲之的字摆在卫夫人面前时，卫夫人竟然激动得热泪盈眶，说："这孩子太刻苦了，他一定是自己学习了运笔诀窍，短短时日，竟透出老成大器之风。他的成就很快就会超过我了！"

卫夫人说得没错，王羲之自学习书法开始，坚持、刻苦就是他每天的学习状态。如何运笔更流畅、结构如何安排更自然，他不停地琢磨着。不论是走在路上，还是吃饭、休息，只要得空，他的手就在身上反反复复地比画，那聚精会神的样子，经常让身边的人都不忍心打扰他。他练字的书房外面有一个池塘，每天写完字，王羲之都要在池塘里洗涤笔砚。时间一久，那满池的水都变得墨黑墨黑的了。

除了练字，他还喜欢到大自然中感受万物的美好。他仔细地观察动物、植物的细节，揣摩它们的线条，寻找它们美的感觉。他喜欢看鹅，喜欢鹅迈开细腿时的优雅，舒展双翅时的飘逸，曲项向天歌的柔美。鹅的一举一动，让他领悟到了很多运笔的道理。

随着年龄的增长，王羲之又不断地从别的书法家那里汲取营养，并且不懈地临摹古人的碑帖。集百家所长的王羲之，早已练就了深厚的书法功底，形成了自己的书法风格。

有一次，皇帝要到北郊去祭祀，请王羲之将祭文书写在一块木板上，再派工匠雕刻出来。工匠刻的时候，刻掉一层还见墨渍，再刻掉一层还有墨渍，墨渍竟然深达三分，也就是我们今天说的一厘米左右。所有的人都惊叹不已，没有积年累月的功夫，怎么可能达到入木三分的功力呀！

后来，王羲之以他清淡高远、平和自然、遒劲秀美、委婉含蓄的书风，被历代书法家尊称为"书圣"。

风声鹤唳

刀光剑影 | 风声鹤唳 | 心神不定 | 草木皆兵

西晋王朝灭亡之后，琅玡王司马睿南迁，在建康称帝，建立了东晋王朝。这时，北方处于各少数民族政权相互征战的局面。最终，由氐族人建立的前秦政权统一了北方，与东晋形成了南北对峙的局面。

前秦统一北方后，国力逐渐增强，前秦皇帝苻坚开始不断对东晋发动进攻。公元383年，苻坚不顾群臣反对，率领八十万大军浩浩荡荡南下，直逼东晋。苻坚的军队前后绵延十余里，军旗蔽日，鼓声震天。苻坚骄狂地说："我有百万雄兵，士兵的马鞭投到江里就可以截断流水，灭掉东晋算得了什么呢？"听到这个消息，面对实力如此悬殊的战局，东晋朝廷一时陷入恐慌之中。宰相谢安冷静分析了双方的兵力情况和作战形势后，建议孝武帝坚决抵抗。孝武帝接受了谢安的建议。经过周密的部署，谢安派弟弟谢石、侄子谢玄等率兵八万先去迎战。

晋军开局很不顺利。苻坚见有机可乘，便派朱序前去劝降，试图不战而胜。朱序原来是东晋将领，在一次战斗中被前秦俘获。

109

他见到谢石，不但没有劝降，反而出谋划策说："秦军虽然号称有百万兵力，但战线拉得太长，如果在他们的兵力还没有集中起来时先打他的先锋部队，一定有获胜机会。"

谢石、谢玄认为这个思路非常正确，马上改变作战策略，派猛将刘牢之率领五千精兵开赴洛涧，与秦军展开正面战斗。在刀光剑影的惨烈厮杀中，秦军被打得落花流水，战线推进到淝水河边。

谢玄马上派使者和苻坚谈判："这样吧，你把部队后撤一段距离，让我军渡过淝水，我们在河那边决一胜负。"急于获胜的苻坚听了暗自窃喜，跟手下说："这是个极好的机会，放晋军过河，趁他们过到一半的时候偷袭，一定可以大获全胜。"于是，马上答应下来。但他的这一意图却没有传达到士兵中间。前秦士兵看到晋军大部队突然渡河而来，以为前线战败，马上心神不定起来。朱序又趁机派人在士兵中间散布谣言："秦军败了！秦军败了！"士兵们信以为真，吓得纷纷后撤，秦军顿时陷入一片混乱之中。晋军抓住机会，八千骑兵火速渡过淝水，猛攻秦军。秦军兵败如山倒，一溃千里。

奔逃途中，远处山上郁郁葱葱的树木被风吹得簌簌（sù）作响，高度紧张的前秦士兵以为那是晋军的追兵，越发拼命逃窜，这可真是"风声鹤唳，草木皆兵"。前秦从此一蹶不振，很快就走向了灭亡。

江郎才尽

出人头地　酣畅淋漓　江郎才尽　平淡无奇

在大一统的隋王朝出现之前，中国历史进入了你方唱罢我登场的政权频繁更替时期。这一百多年，被称作中国的南北朝时期。而处于南方的，由四个小的王朝更迭交织的"南朝"，为中华文明的延续和传承，作出了不可磨灭的贡献。中国南朝的都城建康，和同时期欧洲的罗马城，被誉为"世界古典文明的两大中心"。

南朝时，出现了一位非常有名的文学家——江淹。他的辞赋和骈文作品，文辞激扬，清丽婉谐，将南朝的辞赋创作推向了新的高度。

江淹出身于贫寒之家，却从小立志苦读。渐渐地，一篇又一篇让人读起来欲罢不能的文章，终于让江淹出人头地了。人们读着那些文字，都为他的才气赞叹不已。曾经流传着这样一个故事：

江淹因受别人案件的牵连，被贬官，到浦城

111

当了县令。一日黄昏，江淹追着西下的落日，行走在浦城郊外的小山上。落日的余晖、温柔拂面的清风、山间时起时落的鸟鸣、不时窜入鼻子的清香，这一切，让江淹彻底陶醉了。他贪恋地走啊走，居然没有意识到，那昏暗的余晖早已散尽，天色完全黑了。江淹索性顺其自然：今晚，我就住在山上了。于是，他找了一处可容身之地躺下，渐渐进入了梦乡。

山间小道的那头，走过来一位慈眉善目的老者，手中拿着一支笔，闪着五彩光芒。江淹好奇极了：这是什么东西，长得像笔，可是却能发出好看的光。忍不住好奇心，他迎上前去问："老先生，您拿的这是什么呢？"老先生笑眯眯地看着他，反问道："你就是那个极会写文章的江淹吗？""不敢，不敢，老先生过誉了。学生正是江淹。""哈哈哈……"老者开心地笑起来，可是，瞬间，笑声停了，老人家也不见了，只有那支发光的笔，留在了自己的手中。激动不已的江淹一挣扎，坐了起来，才发现，原来是一场梦。

从此以后，江淹一发不可收拾，一篇篇妙笔生花的文章，把人们带入爱恨情仇的情绪里面。

后来，江淹的官越做越大。不论做什么官，他都不避权贵，直言劝谏，最终得到了皇帝的信任和重用。可是，随着年龄的增长，人们发现，江淹的文章慢慢变得平淡无奇，读起来再也找不到那种酣畅淋漓的感觉了。于是，又出现了一则传说故事：

有一天，睡梦中的江淹被一位自称张景阳的人吵醒。那人站在床前，不顾睡眼惺忪的江淹是不是清醒了，就直接问："我以前有一匹上好的锦缎寄存在你这里，今天可以还给我了吧！"江淹迷迷糊糊地把手伸进怀里，摸出来几尺零零散散的锦缎，递给那人。没想到那人接过来一看，气哼哼地说："好好的一匹锦缎，怎么被你糟蹋成了这样！"然后扭头，把锦缎丢给他身后的丘迟，说："这几尺锦缎，我已经没用了，送给你吧！"从此，江淹的文才越发枯竭了。人们都说："可惜呀可惜，江郎才尽了！"

传说故事毕竟是传奇，因为，《别赋》《恨赋》这样脍炙人口、流传千古的文章，还是让后人永远记住了这个名字——江淹。

罄竹难书

义无反顾 **罄竹难书** 忠肝义胆 登高一呼

大一统的隋王朝刚刚撸起袖子，准备一展中央王朝的雄风，没想到第二代皇帝隋炀帝的急功近利，却再次把隋朝带向了灾难的深渊。找不到生活出路的老百姓，纷纷揭竿而起。起义的队伍如星星之火，很快呈现燎原之势。李密在这场大运动中，从若隐若现，到掀起狂风巨浪，一度成为标杆式的人物。当然，最终他没有达到自己梦寐以求的人生巅峰——历史冷静地选择了李渊。

李密出生于贵族家庭，性格爽朗豁达，不拘小节。他自小饱读诗书，尤其对兵书感兴趣，很多内容都烂熟于心。在宫里做禁卫武官的时候，由于不喜欢循规蹈矩、呆板无趣的宫廷生活，常常表现出不安分的样子，被隋炀帝"清理出宫"。

回到家中，李密终于摆脱了束缚，一头扎进书海里，尽情享受着与书为伴的日子。每天吃饭时，他捧一本书，边吃边看；睡觉时，他捧一本书，不到眼皮打架，绝不放下；就连偶尔出门，他骑的那头老牛的牛角上，也常常挂本书，一手牵绳，一手翻书。

这一天，路上远远过来两个人。一人骑牛在前，一手牵着缰绳，一手举着书，与世隔绝般沉浸在书中。另一人骑马，紧随其后。他双手紧拽缰绳，控制着马儿走走停停。跟了好一阵子，他终于放开缰绳，追上了骑牛之人。"这是哪来的读书人，这么好学啊！"耳边突然冒出的问话，惊醒了"书中人"。小伙儿抬头愣了一下，认出是司徒杨素后，赶紧翻身下牛，拜了两拜："司徒大人，小生叫李密，得罪了！"杨素赞赏地看着李密，说："我一直跟着你，你竟然丝毫没有察觉。读什么书呢，这么专心！"李密赶紧回答说《项羽传》。杨素对这个小伙子很感兴趣，就和他聊起来，而且越聊越开心。之后，杨素把李密介绍给自己的儿子——礼部尚书杨玄感，叮嘱他说："我看李密的学识、气度不一般，你要多听取他的意见啊！"就这样，李密和杨玄感成了好朋友。

在隋末风云四起的动乱中，身处朝廷核心职位的杨玄感，早就预感到了隋王朝的命运，经过一番精心谋划，叛离了隋炀帝，成为隋末最早起兵的贵族首领。可惜，他并没有为将的气度，虽然身边有李密不断地为他出谋划策，杨玄感却很少听取，一意孤行，最终落得惨败身亡的下场。

杨玄感的结局把李密逼上了一条"反隋"的不归路。他义无反顾地投奔到农民起义首领翟让的军中，成为瓦岗军的一员。

很快，李密为翟让献上的一个个计策，全都见到了成效。瓦岗军取得了一个又一个军事胜利，势力范围越来越大。李密规划的目标更加宏大了，身为瓦岗军首领的翟让，渐渐感到力不从心。

这一天，李密对翟让说："目前，东都洛阳的士民一盘散沙，贵族之间也政令不一。如果我们直袭洛阳的粮仓，散发粮食去救济贫苦百姓，很快就能聚集起百万人马。这是咱们抢占先机的绝好机会，千万不能错失啊！"

翟让一听，连连点头："您说的极是，咱们绝不能错失这样的机会。只是我担心我的声望还达不到一呼百应的程度，所以，请您先率兵出击，我带着队伍后续跟上，其他事情等咱们夺取粮仓之后再做商议。"

不出李密所料，洛阳粮仓开放后，无数百姓蜂拥而至。李密的声望和地位空前高涨。翟让觉得自己的能力和声望确实不如李密，便主动让贤，推举李密做了首领。李密呢，也当仁不让，接下首领的指挥棒，便开始进行攻取洛阳的准备。

一切准备就绪，在全面进攻东都洛阳之前，李密发布了一篇讨伐隋炀帝的檄文，

历数隋炀帝十大罪状，所有内容言之凿凿。其中，"罄南山之竹，书罪未穷；决东海之波，流恶难尽"一句，更是言辞激烈，轰动朝野。李密如此登高一呼，隋炀帝的恶行瞬间大白于天下，罄竹难书。各路忠肝义胆之士群情激奋，纷纷响应李密的号召。推翻隋朝统治的浪潮，被大大地向前推进了……

磨杵成针

李白是唐代著名的大诗人，也是中国历史上浪漫主义诗人的杰出代表。

李白小的时候才智过人，却也特别顽皮。每天，老师一布置下要背的文章，李白马上就聚精会神地背起来，一会儿工夫就能背得滚瓜烂熟。可是一旦背会了，他就坐不住了，总想跑出去玩。这一天，他趁老师不注意，偷偷地从学堂溜了出来，跑到附近的小溪边玩耍。

"啊！天空真蓝啊！"李白一路上兴奋得连蹦带跳，一会儿伸出胳膊往上跳，好像要抓住天上的白云；一会儿在路边的草地上打个滚，翻个筋斗；一会儿又拿起石头打水漂，和溪水里的小鱼儿逗乐，玩得大汗淋漓，开心极了。

忽然，他看到小溪的那一边有一位白发苍苍的老婆婆，手里拿着一根又长又粗的铁杵，正在一块大石头上聚精会神地磨来磨去。

李白觉得好奇，就跑过去，指着铁杵，小心翼翼地问道："婆婆，您这是在做什么呀？"

老婆婆头也顾不上抬，一边磨着铁杵，一边慢条斯理地说："我在磨铁杵呀！""您磨铁杵干什么呢？""我呀，要把它磨成一根绣花针呢！"

李白一听，更加好奇了，"啊！这，这怎么可能呢？"他瞪大了眼睛，盯着老婆婆的脸看，心里直犯嘀咕："这老婆婆莫不是精神有问题吧？""可是，婆婆，这么粗的铁杵，什么时候才能磨成细细的绣花针呀？"

　　老婆婆终于停下了手里的动作，抬起头来，看着眼前这个机灵可爱的孩子，语重心长地说："我今天磨细一点，明天磨细一点，只要天天坚持，下到功夫，总有一天能磨成绣花针的啊！"

　　李白听了老婆婆的话，好像突然明白了什么：老婆婆都这么大年纪了，为了**磨杵成针**，每天都在坚持着。我刚背会儿篇文章，就自以为是，逃避学习，实在太不应该了。从此，小李白就像变了个人似的，**专心致志**地读书、学习。经过长年磨砺，他终于成为一个优秀的大诗人。人们都赞誉他为"诗仙"。

走马观花
出神入化｜妙笔生花｜春风得意｜走马观花

走马观花

唐朝中期，有一位著名的诗人叫孟郊。

孟郊从小就是个聪慧的孩子，虽然家境清贫，却勤奋好学，年纪轻轻便显露出了非凡的才华。可是，直到四十一岁，他才获得了进京考取进士的机会。没想到，第一次和第二次考试，他都名落孙山。

其实，这个时候，孟郊的诗作在社会上已经广为流传了。多年来，孟郊一家一直生活在饥寒交迫之中，他切身体会到了老百姓生活的艰难。所以，他经常用白描的手法写景抒情，让那些真真切切的穷苦生活出神入化地融进诗作中。孟郊的诗，字字句句都流露着他作为一个文人，对社会现实的反思和发自肺腑的愁苦。这样的诗作，人们看了觉得踏实、不空洞，所以很多著名的文人都推崇他。

当他两次考试都失败之后，很多人替他惋惜，有人就劝他："你的文章虽然**妙笔生花**，但是你太清高了。你应该像大家一样，和那些权贵们多交流交流，让他们看到你的才华。要不然，你空有满腹经纶，不还是没有机会得到他们的认可吗？"可是，每次遇到这样规劝他的朋友，孟郊都会摇摇头，坚定地说："我相信，只要有真才实学，就一定会有考取功名的那一天。"

他继续磨练着自己，时光飞逝，白发已经悄悄爬上了他的鬓角。四十六岁这一年，孟郊在年迈老母亲的支持和鼓励下，第三次进京参加了进士科考试。这一次，孟郊的才华终于得到朝廷的认可，他金榜题名了！消息传回家乡的那一天，大家奔走相告，所有的人都在为他的坚持而感动，孟郊的老母亲更是激动得老泪纵横！

这时候正值春天，长安城已是繁花似锦，高中进士的孟郊，穿着艳丽的新衣服，扎着彩带和红花，**春风得意**地骑着高头大马，穿梭于长安城的大街小巷，接受着大家的祝贺。时不时地，孟郊深呼吸几口，贪婪地享受着弥漫在空气中的花香。虽是**走马观花**，可那绿叶嫩草散发出来的生命的萌动，还是轻轻地拨动了孟郊敏感的神经——几十年默默的坚持，于他而言，今天的金榜题名，何尝不是迎来了生命的春天啊！于是，流芳千古的诗句吟咏而出：

昔日龌龊不足夸，今朝放荡思无涯。

春风得意马蹄疾，一日看尽长安花。

呕心沥血

唐朝中期，一位年轻的浪漫主义诗人横空出世，震动文坛。而且，这一震，余波流传千古，他就是被称为"诗鬼"的天才诗人李贺。

十八九岁的时候，李贺的诗已经名动京城。当时的文坛泰斗、担任员外郎的韩愈听说后，将信将疑。这么个毛头小伙儿真的能写这么好的诗吗？他对自己的学生皇甫湜说："年纪轻轻，就有这么深厚的功力？当世已经很久听不到这样的奇闻了。走，随我一起去会会这位年轻人！"于是，二人一同来到李贺家。

出来迎接韩愈二人的，是一个清瘦矮小、其貌不扬的年轻人。当听说两位大人是专门"慕"其诗名而来，李贺谦逊地连连说："劳顿两位大人前来，实在不敢当，不敢当！"一边说，一边向两位深深施礼。

韩愈顿时有些喜欢这个年轻人了。他慈爱地看着李贺说："那么，你即景赋诗一首，可以吗？"

李贺一听，马上回答："当然可以，大人！"说着，他微挺胸脯，下巴略略上扬，思索了一下，从容地走到书案前，拿起笔来，疾书不停，一会儿工夫，一首《高轩过》跃然纸上：

韩员外愈、皇甫侍御湜见过，因而命作。

华裾织翠青如葱，金环压辔摇玲珑。
马蹄隐耳声隆隆，入门下马气如虹。
云是东京才子，文章巨公。
二十八宿罗心胸，九精照耀贯当中。
殿前作赋声摩空，笔补造化天无功。
庞眉书客感秋蓬，谁知死草生华风。
我今垂翅附冥鸿，他日不羞蛇作龙。

一首应酬诗，李贺既表达了对来访的两位客人的尊敬，又于细节处点出自己穷愁失意的现状，更在字词间生发出自己不甘没落、继续奋进的**雄才大略**。韩愈二人读罢，**拍案叫绝**："好诗！好诗！果然名不虚传啊！"

年纪轻轻就能获得大文豪的赞誉，李贺的诗确实透出了远远超出他那个年龄的成熟和大气。可是，这一成就，是李贺用心血积累出来的。

李贺写诗确实有天分，这倒不是虚言。七岁的李贺就能写一手好诗，而且是即兴出题，当场吟诗。但是，随着年龄的增长，那一首首脍炙人口、流传广远、为人们津津乐道的诗句，就绝不是光凭"天才"二字可以概括的了。

李贺每日除了正常的书本学习之外，还经常到外面去游走。他总是告诫自己："作诗千万不能闭门造车。"所以，每天一有空，李贺就骑上自己的小瘦马，吆喝一声："走啦，出门啦！"他的书童就赶紧背上那个被李贺戏称为"锦囊"的布袋，紧赶慢赶，追上李贺，亦步亦趋地紧随其后。

李贺每天出门去哪儿，基本没有事先计划。他随心所欲地走着，两只眼睛却不闲着。看到什么事情突然让他有感悟了，或者哪个人突然触发了他的灵感，或者他的脑海里突然闪现出一半句佳句，他都会随手摸出怀里的笔和纸记录下来，放进书童背着的布袋里。一天下来，布袋里的纸片会积攒厚厚的一沓。

傍晚，一进家门，李贺总是三步并作两步，先跑到母亲房间报到："母亲，我回来了。"看着风尘仆仆的儿子，母亲总是心疼地拉他坐到椅子上，递来早已备好的水说："快休息休息！"

李贺接过水来，喝上几口，立马站起来对母亲说："我先去书房了啊。""先吃了饭再去书房吧！""不了！"然后，李贺一头扎进书房，把这一天积攒起来的"奇思妙想"梳理出来，焚膏继晷，不辞劳苦。那一首首征服了大家、充满着神奇生命力的佳句，就这样在长年累月的坚持中诞生了。

这一幕，是李贺家里经常上演的活剧。时间久了，母亲心疼儿子啊，老人家总说："我这傻儿啊，老这么不吃不喝地作诗，这是要呕心沥血才肯罢休吗？"

就是这样的坚持，让李贺的诗，内容越来越丰富，情感越来越成熟。后来，李贺在长安做官三年，除结交了一批志同道合的朋友外，还耳闻目睹、亲身经历了许多事情。严酷的社会现实、坎坷的人生经历、令人感动的亲情友情，更加丰富了李贺的生活阅历。于是，"衰兰送客咸阳道，天若有情天亦老""我有迷魂招不得，雄鸡一声天下白""大漠沙如雪，燕山月似钩"这样一首首经典诗作，依然是千年之后的我们吟咏抒怀的佳句。

一字之师

满腹珠玑　一字之师　聪明伶俐　家道壁立

　　唐朝末年的乱世中，湖南沩山幽静的那座古庙里，经常有一个六七岁的小男孩进进出出。小家伙穿得破破烂烂的，可是啥时候都兴高采烈的。干瘦干瘦的小身板儿，总是蹦蹦跳跳；那张小圆脸上，眉毛、眼睛、脸蛋儿总是配合在"眉开眼笑"的频道；就连那张俏皮的小嘴里，每天不是哼着小调，就是念着古诗。他就是专门给庙里放牛的胡得生。胡得生的父母在他不到六岁的时候就病故了，家道壁立，根本无力养活弟弟的兄长们，只好送他去庙里放牛，换一口饭吃。

　　别看小得生这么小就没人疼没人爱，可是天性开朗的他，却在艰难的生存中，找到了适应环境、娱乐自己的好办法。他手里那根放牛用的小破棍，总被他玩出花样。一会儿，他拿着木棍儿赶那些神情怡然的老牛吃草；一会儿，他又用木棍指挥老牛和他一起唱小调；一会儿，他把木棍当成笔，趴在地上写起字来……

　　这不，他正撅着屁股，趴在庙门前的地上，一笔一画地写着什么，嘴里还念念有词。"咦？这是谁教给你的诗？"旁边两个和尚惊奇的问话，引得得生抬起头看了一眼。

"一看你们就不是我们庙里的，我们庙里的师父，都知道这是我作的诗啊！"

"你作的诗？"两个和尚不可置信地看着眼前这个衣衫褴褛的小男孩，怎么都没办法相信。"你这么小……谁教你写诗呢……"

得生停下"笔"，站起来转过身，笑嘻嘻地说："跟所有能教我的人学啊！我们庙里的老师父，村里的先生，路上遇到的人，他们都教我啊！""你非常聪明伶俐呀！索性出家当和尚吧！"在两个和尚的怂恿下，胡得生真的出家做了和尚。他就是唐朝著名的诗僧——齐己。

齐己出家后，更加热爱写诗，找一切机会求教于别人。成年后，他走出庙门，云游四方。岳阳楼、洞庭湖，终南山、华山，甚至遥远的长安，他都用自己的脚步一步步丈量。他见识到了真实社会中许许多多的人和事，拜会了很多文人师友。丰富的阅历和长期的禅修，让齐己的诗越发古朴典雅，清润平淡。他和当时的很多诗人成为好朋友，只要有新诗创作出来，总要向他们请教。

郑谷是当时非常有名的诗人。齐己曾经作了一首《寄郑谷郎中》，于是，拿着它去拜会郑谷。诗送到郑谷手中，郑谷读后，很诚恳地传出话说："其中有一个字，总感觉不妥，请修改后再相见吧！"齐己苦思冥想了几日，终于有所感悟，将诗中"自封修药院，别下著僧床"一句中的"下"改成了"扫"。当齐己再次拜会郑谷时，二人相谈甚欢，从此成为非常好的朋友。

冬日的一个清晨，经过一夜的大雪纷飞，推开屋门的齐己，瞬间陷入了白色的纯净中。清冷的甜甜的雪的气息，冲入鼻孔。诗人的情绪瞬间被激发。齐己伸出脚，小心翼翼地踏上了一尘不染的雪被。瞬间，脚藏进雪被里没了踪影，雪面上留下一个又一个深窝。突然，前方的梅花树上，传来几声娇柔婉转的啼叫声，几只鸟儿小小的身影在树间跳跃着，似乎在着急地寻找着被白雪掩藏起来的蜡梅。"看见了，看见了！"齐己完全被鸟儿感染了，当他看见白雪下探出的两团嫩黄色的身影时，禁不住和鸟儿一起雀跃了。一句接一句，一首五言绝句脱口而出。

齐己兴奋地把诗拿给郑谷。郑谷读了，也表现出少见的激动，"我读出了您傲然独立于乱世，追求圣洁的高远之志。只是……"

"您说，您说——"一看郑谷有话要说，齐己赶紧求教。

"'数枝'不足以体现'早'，如果用'一枝'，岂不更佳？"

"前村深雪里，昨夜一枝开。"齐己恍然大悟。他一边念，一边频频点头，对郑谷更是肃然起敬，"先生数次用一个字给我以提点，您真是我的'一字之师'呀！"

齐己一生都用这样一种态度对待生活，对待修行，对待作诗。他将满腹珠玑融入诗中，向世人倾诉着自己的理想和追求。

探囊取物

苟且偷安
随机应变
探囊取物
苦不堪言

唐朝之后，中国历史上出现了一个大分裂期，我们把它称为"五代十国"。其中的"五代"，是指唐朝灭亡之后，在北方中原地区相继出现的五个政权；"十国"是指中原以外的地区存在过的十个政权。在政权频繁更迭的几十年间，博学才高、尽心职守的文臣武将不时闪耀。有这样一位大臣，成为颇让几位皇帝"恨之不及，爱不得已"的"另类"，他就是韩熙载。

　　韩熙载从小饱读诗书，二十多岁就考取了后唐进士。可是他的父亲因为卷入一宗公案中，被后唐明宗李嗣源处死。不得已，韩熙载离开故土，辗转投奔到了南唐。自视清高、不拘小节的性格，让韩熙载在南唐的官场上总显得那么特立独行、格格不入，久久得不到皇帝真正的信任，直到南唐元宗李璟继位，才被委以重任。

　　韩熙载曾被李璟委任起草诏诰。那段日子，一篇篇文辞典雅、陈述清晰、褒贬有据的诏诰，不断地送到李璟手中。李璟非常欣赏韩熙载的才思和直率，越来越多地采纳和重视他的意见。可是，诏诰中直言弊端、直陈疏漏的文字，却实实在在触犯了一些权臣的利益，埋怨、忌恨的种子不可避免地播撒下来。可是，孤傲耿直、不善逢迎的韩熙载，却全然不知道如何保护自己，依旧书生意气，不留情面地指陈时弊。

　　当然，毫无悬念，受到他批评、弹劾的权臣，已经做好了在他的仕途中随时撒布荆棘的准备。

有一帮元老大臣一直鼓动李璟发动战争，开疆拓土。韩熙载、江文蔚等大臣，却根据南唐面临的实际情况，坚决反对挑起战争。李璟采纳了韩熙载等人的意见，迟迟没有下达攻击命令。没想到，保大四年八月，枢密使陈觉一帮人竟然擅自调动军队，发起了对福州的进攻。李璟唯恐有什么闪失，赶紧加派军队随后增援，可最终，南唐军队还是大败而归，损失惨重。李璟非常生气，下令诛杀陈觉等人。然而，一直把持朝政的权臣宋齐丘、冯延巳等人却暗中斡旋，竟然迫使李璟免除了他们的死罪，仅仅改为流放蕲州等地。韩熙载多次上书，请求严惩罪臣，不仅没有改变李璟的决定，反而被宋齐丘等人诬告，说他桀骜不驯，贪酒误事。李璟迫于压力，再次做出了令人匪夷所思的决定：韩熙载降职，外调任用。虽然数年后，

韩熙载又被李璟调回京城，委以重任，然而李璟的固执己见、权臣的势力当道，终究让南唐一步步走向衰弱。

南唐后主李煜继位后，越来越倚重韩熙载，韩熙载不断得到升迁。

可是，当李煜要拜他为相时，韩熙载却坚辞不就。他曾经对朋友吐露心声："中原王朝的真命天子一旦出现，以我们现在的实力，连丢盔弃甲的机会都没有。我怎么能在这种情况下接受宰相的职位，成为千古笑谈呢？"韩熙载终于认清了形势，发现了自己的孤傲与朝堂之上的圆融始终无法融合在一起，所以，他索性纵情于酒色之中，苟且偷安，随机应变。

李煜始终读不懂韩熙载。他想了解韩熙载真实的想法，就派了画院的待诏顾闳中，将韩熙载每天的生活画下来。结果，摆在李煜面前的一幅幅画，讲述的却是韩熙载每天醉生梦死的生活。这些画对于李煜当时有多大的帮助，我们不知道，但是，他的这个决定，却成就了一幅传世珍品。如今，《韩熙载夜宴图》珍藏于北京故宫博物院。它以精细传神的人物刻画、张弛有度的构图、古朴大气的色彩，成为中国美术史上亮丽的一笔。

然而，表面的纵情声色，始终无法消解韩熙载心中的郁闷。他经常回忆起当年离开后唐的那一天，好朋友李谷送他远行，他指着熟悉的故土，豪情满怀地说："南唐如果能够重用我，让我当宰相，我一定能率军北上，直捣中原！"而李谷却拉着好朋友的手，充满激情地说："我如果当了宰相，一定能轻而易举地荡涤南唐各国。"

几十年过去了，青丝已成华发，可是探囊取物的豪情，却在岁月的无奈中消失得无影无踪。韩熙载苦不堪言，却又无可奈何……

开卷有益

言之成理　字字珠玑　开卷有益　乐此不疲

宋朝开国皇帝赵匡胤去世之后，他的弟弟赵匡义继承了皇位，他就是宋太宗。因为避赵匡胤名讳（míng huì），赵匡义改名为赵光义。

当初，太宗和他的哥哥一道征战沙场数十年，终于打下了赵氏江山。但是，他深深知道，治理江山除了需要勇猛的军队外，更多的还是要靠智谋。所以登基之后，太宗大量阅读史书，而且在朝野内外广泛地倡导读书、治学。每每在朝堂之上和大臣们议政，面对那些戎马一生的武将们，太宗总是语重心长地提醒他们："你们一定要多读点书，特别要去读一读古人的书，那里面藏着很多治理国家的道理呀。马上得天下，岂能马上治理天下？"武将们纷纷点头称是。虽然大家知道宋太宗 言之成理，字字珠玑，可是，真正拿起书去读的人，却是少之又少。

一天，宋太宗突然想去看看京都专门用来藏书的三馆（大约相当于我们今天的国家图书馆）。他带着几位大臣出了宫。当被带到繁华闹市区一扇破旧的大门前时，看着眼前突兀的大门，太宗不自觉地皱了皱眉头，站了片刻，才迈步走了进去。院子寂静冷清，几座简陋的房屋孤寂地隐藏在院子深处。三馆早在梁代就建成使用了，目前已经非常破败，里面收藏了大约八万卷古籍。"这里如此简陋，怎么来接待天下的贤士啊！"于是，他吩咐身边的大臣，马上草拟诏书，修缮三馆。没多久，一座敞亮雅致的新馆落成了。太宗给新馆赐名"崇文院"。

太平兴国二年的一天，李昉、张洎、徐铉等几位大臣被宋太宗召来，一项浩大的文化工程马上就要由他们来完成了。太宗皇帝决定利用这几万卷藏书，重新分类，编写一整套书。其中，史学一千卷，叫《册府元龟》；百科全书一千卷，叫《太平总类》；文章一千卷，叫《文苑英华》；小说五百卷，叫《太平广记》。于是，一帮文人学者，每天沉浸在浩瀚的书堆中，分类、编排、撰写。无数个日日夜夜，几万卷宋代之前的书籍资料在重新分类编写的过程中，被保留了下来。后来，当很多古书原本在岁月的磨难中消失之后，这四大部书成为我们国家珍贵的历史文化得以留存传承的重要载体。

六年之后，《太平总类》这一部终于完成了。宋太宗对宰相宋琪说："从今天起，每天给我送三卷《太平总类》，我要一一阅览。"宋琪听了，有些着急，委婉地劝太宗："陛下，您每天处理那么多事情，已经很辛苦了。三卷《太平总类》，会不会太多了？"太宗笑了："不多！我习惯看书了，每天不看些书，心里会空落落的。""陛下读书一向孜孜不倦，而且以读书为乐，臣等大为感佩。只是，臣担心陛下读书太多，会伤神啊！""哈哈哈……"太宗皇帝知道宰相是担心自己的身体，就宽慰他说："我喜欢读书，自然不会伤神。《太平总类》不过千卷，每天读三卷，一年就可以读完了。"他停顿了一下，似乎想起了什么，接着又说："每次想起前代的兴废更替，我就总想要引以为戒，所以，读书，于我而言，是发自内心的喜欢。大概读书就是这样的吧，对于喜欢读书的人，再累也不算累；对于不好读书的人，强迫他读，恐怕也读不进去。但是，不管怎么样，开卷有益呀！"

"陛下说得太对了，正是这样啊！"旁边的几位大臣一边听，一边不住地点头，连声应和。

之后，宋太宗果然每天都要读三卷《太平总类》，从不间断，乐此不疲。即使某一天由于特殊原因没有全部读完，也一定要尽快补上。言必行，行必果，一年的时间，太宗皇帝果然读完了《太平总类》，并且给它重新赐名为《太平御览》。

作为宋朝第二位皇帝，宋太宗在位期间，极大地扭转了唐朝末期以来重武轻文的陋习，社会渐渐又回归到平和的状态。

绳锯木断
水滴石穿

北宋太宗、真宗两朝，有一位性情豪爽、耿直的大臣，名叫张咏。张咏出身贫寒之家，从小就生活在社会的最底层，老百姓的生活状态怎样，他们想要什么，不能忍受什么，张咏都用自己那双善于探究、善于捕捉的眼睛看到了。所以，经过刻苦攻读的青年时代，当他考取功名做官之后，更加懂得如何按照自然规律，平复百姓的不安，规范百姓的行为，该严厉的时候，不近人情，该宽松的时候，又一副"柔情铁汉"的做派。所以，他任职的地方，官员和老百姓对他既敬畏，又爱戴，社会秩序都比较平和稳定。

在杭州做知州的时候，有一年，杭州一带闹饥荒，老百姓陷入四处讨生活的慌乱之中。很多人铤而走险，私自贩卖食盐，换取生活费。当时，民间私贩食盐，那是大罪啊！于是，官兵捉拿了好几百人。张咏对他们教训了一番之后，竟然全部释放了。那些下属着急了，纷纷来找他问究竟。"对那些私盐贩子不加重处罚，肯定难以禁止啊！""其他人看他们贩私盐没事，会不会有更多的人效仿呢？"

看着大家你一言我一语急迫的样子，张咏耐心地解释说："咱们这里闹饥荒，百姓十之八九生活都难以为继。这些人冒险贩私盐，也是生

138

活所迫。如果强行禁止，恐怕会逼迫更多的人盗窃作乱，那样就酿成大患了。"看看大家还是一脸愁云，张咏笑了，轻松地说："等过了这段饥荒时期，秋后有收成了，百姓有粮食了，再重新强调依照旧法禁止私贩食盐，就不会有大问题了。"大家听了，都连连点头。官员们心中的疑虑解开了，老百姓也有了相对喘息的生存空间。

在湖北崇阳县做县令的时候，有一天，张咏远远地看见一名小吏从钱库里出来，急匆匆地向自己这边走来。两人擦肩而过的瞬间，张咏突然看到他耳鬓旁的头巾下面别着一枚钱。"等等！"张咏一声断喝，着实把毫无防备的小吏吓了一跳，匆匆的脚步陡然停了下来。张咏一指小吏的头巾："这钱刚从钱库拿的？""是！"下意识地，小吏脱口而出。看着张咏刹那间瞪圆的怒目，小吏后悔了："不是，不是，不是，是……"后面的话越来越没了声音。张咏那张黑脸，让心虚的小吏不敢撒谎了，乖乖地跟着张咏回了县衙。

张咏把所有官吏集中起来，当着他们的面命令道："杖责十大板，以示警诫。以后，此类事情如果再发生，惩戒会更严厉！"所有人都吓得埋下头去，大气不敢出。没想到，偷了钱的小吏因为害怕，竟然语无伦次起来："一文钱还算个钱吗？为了一文钱，你怎么能杖责我呢？"

张咏一听，心中怒气陡升："你真是个贪得无厌之徒。一文钱是不值钱，可那是国库里的钱，属于国家，不属于你个人。你是管国库的，竟然不以为然，无所顾忌地从国库里拿钱，即便是一文钱，也是监守自盗，你知道吗？"张咏盯着小吏，继续说："本来想小小惩戒一下，让你们引以为戒，记住自己的职责，没想到你竟然这样认识这件事，看来不加重处罚，你是不会认识到它的严重性的。来呀，加大板数……"张咏话还没说完，小吏竟然吓得失控了，梗着脖子大叫着："我罪不至此，你这是胡乱用刑。就算能杖责我，也不能杀了我呀！"

看着不思悔改，反而口出狂言的小吏，张咏"腾"地站起来，快步走向小吏，右手不停地指着他说："一日一钱，千日就是千钱，你罪当万死！"话音刚落，张咏抽出佩剑，一剑刺向小吏。至此，县衙的官员，再也不敢贪赃枉法了。

虽然用我们今天的法律观念和法律标准来说，张咏当时的行刑确有不当之处，但是，它毕竟发生在一千年前的宋朝。可是，它却告诉我们一个颠扑不破的真理：绳锯木断，水滴石穿，千万不要小觑一个小小的错误，小错误不加防范，必然会酿成无法挽回的恶果。

成竹在胸

目光炯炯
一气呵成
成竹在胸
栩栩如生

文同，字与可，是北宋著名的诗人、画家，人们也叫他文与可。

文同五十多岁的时候，被派到洋州做知州。洋州北面的筼筜（yún dāng）谷长满了修竹，远远望去，郁郁葱葱，层层叠叠，那沧桑的岁月感和清爽的生命力交织着，如一位难觅的知音，把第一次走进这里的文同深深地吸引了。只那么一眼，他便爱上了这里。此后，只要有空，文同就带着夫人，拿着画笔、画纸，来这里闲游。

每每走在筼筜谷崎岖的路上，文同的眼睛就不够用了。他忘情地端详着，抚摸着。这满山满谷的竹子，或疏或密，或浓或淡；或笔直地冲向云端，或于崖边斜刺出来；或沧桑如垂垂老者，或蓬勃如意气风发之少年。不时地，他和夫人交流："这根竹子，如果我要放在画中，一定是一副倔强的模样。""那片竹子，深情静谧，我应该用什么样的笔墨才能表达出来呢？"

渐渐地，文同揣摩出了画竹的真谛。一幅幅姿态各异、浓淡相宜、情感丰富的《墨竹图》，出现在他的笔下。

这一天午饭时间，文同人虽然坐到了饭桌前，思绪却不知道在哪里神游着。他两眼直直地盯着面前的饭菜，却久久不动碗筷。看着他那痴痴的样子，夫人知道，他肯定又在琢磨事情了，就赶紧端起碗放在他的手里，催促他说："先吃了饭再想事情吧，不然饭要凉了。"

"嗯嗯。"这边答应着，那边端着饭的手却没有任何动静，只是死死地抓着那只碗。好一阵子，夫人见他不动，就给他把菜夹到了碗里。"快吃……"刚要劝他先吃饭，话还没说完，就见文同双手把碗往桌子上一放，"有了！""腾"地站起来，嘴

里嘟囔了一声，扭头直奔书案而去。

夫人紧跟着他来到书案前，只见他握着笔，面前的纸上已经点下数笔。这时的文同，目光炯炯，挥毫泼墨，连顿有序，逆顺往来，挥洒自如，一气呵成。书案之上，一幅栩栩如生的《墨竹图》跃然纸上。放下笔，端详了一阵，文同扭头看着身边的夫人，两个人心有灵犀地笑了。

这就是那幅流传至今，现收藏于台北"故宫博物院"的《墨竹图》。画作的左上角，竹枝倒垂，顺势而下，却紧接着反转而上，似乎于末路之处又倔强地坚挺着。竹叶浓淡相间，或聚或散，疏密有致，节与节之间断而不离，情思相连。整幅画虽然只有墨色，却层次丰富、明暗跳动，呈现缤纷之状。所有观赏过的朋友，无不大加赞赏。

很多人都在询问，文同在竹的枝叶间表达的那份情感，酣畅淋漓，收放有度，他是怎么做到的？文同去世之后，大文豪苏轼在他的悼念文章《文与可画筼筜谷偃竹记》中，道出了个中缘由，那就是：文同在下笔之前，会反反复复观察、揣摩竹子的各种形态，当成竹在胸，想要表达的那种灵感出现的时候，他就很敏锐地将它捕捉到，并且马上执笔表达出来，否则，就如兔起鹘（hú）落，稍纵即逝了。

这就是惺惺相惜的两位文人通过画作进行的对话吧。

程门立雪

敏而好学

披星戴月

程门立雪

坚持不懈

北宋时期，有一个叫杨时的人，从小聪明伶俐，八岁会写诗，九岁会作赋，人们都称他为"神童"。杨时小时候是一个爱钻研的孩子。他敏而好学，潜心攻读经史典籍。为了多读书、多向学堂的老师请教，杨时经常披星戴月，早起晚睡，终于在二十多岁时高中进士，被授予官职。可是，他觉得自己的学问还不足以担任官职，就以生病为由没有赴任，而是继续拜师求学。

他所拜之师，为当时在河南洛阳一带讲学的大学问家程颢。杨时跟随老师研习理学，利用一切时间刻苦研读，不仅学问提高得快，而且由于他尊师敬友、谦虚谨慎、敦厚豁达，更获得老师程颢和同门师兄弟的赞誉。

　　之后十数年，他在好多地方做官，都获得了很好的口碑。四十岁时，杨时又拜到程颐门下学习。

有一天，杨时与他的同学游酢（zuò）就一个问题争得面红耳赤，都觉得自己说的有道理，因此互不妥协。于是，他们决定一起向老师请教，请老师做出评判。

此时正值隆冬时节，去往老师家的路上，冷飕飕的北风裹挟（guǒ xié）着雪花肆无忌惮地灌进他们的领口。他们无暇顾及，裹紧衣服，匆匆赶路。一到程颐家门口，杨时迫不及待地掀开门帘就准备进去，却一眼看到老师正坐在炉旁打坐养神。二人担心惊扰到老师，急忙退出来，在门口静候。

此时，院子里一片银装素裹，整个世界仿佛都安静下来。二人站在雪地里，不一会儿就被大雪覆盖了全身。杨时冻得瑟瑟发抖，脚都冻僵了，只得轻轻地跺着脚缓解难受的感觉，没有流露出一丝的不耐烦。也被冻得够呛的游酢几次悄悄地说："要不咱们叫醒老师吧！"杨时却说："再等等，别吵到老师。"不知过了多久，程颐才发现了依然侍立在风雪中的杨时二人，他们被冻得满脸通红，俨然已是两个"雪人"。程颐明白学生的用意，被他们心诚志坚、坚持不懈的精神所感动，连忙起身迎他二人进屋。

杨时不仅学到了老师教授的学问，更将这些道理用在了自己的日常行为中，成为被后人称颂的学者。此后，"程门立雪"的故事就成了尊师重道的千古美谈。

州官放火

北宋时期，有一位叫田登的官员，这一年被任命做了一个郡的太守。走马上任的第一天，田登坐在大堂之上，看着下边黑压压的一群官员，立下了第一条规矩："你们都知道，我名'登'，我很讨厌别人说话的时候总是发出'登'这个音，这是对我极大的不尊重。所以，你们以后说话办事要注意避开这个发音。如果让我知道还有人使用这个音，我一定严惩不贷。"

官员们听了，恨得牙痒痒。大家都知道，这件事太强人所难了，执行起来简直比破案还难。因为"登"这个发音平常的使用率很高，万一不小心脱口而出，让太守听到了，岂不是大难临头？可是，谁也不敢忤逆太守的命令啊，大家只得连连点头："太守放心，我们一定按照您的要求做！"

私下里，大家凑到一起，你一句，我一句，把平时使用"登"这个发音的词汇都找出来，然后一遍一遍地提醒自己，不要犯规。可是，说起来容易，做起来难！不时地，总有人触犯规矩，被田登

逮住，冠以"侮辱地方长官"
的罪名，轻的挨了板子，重的被判了刑。

　　转眼到了农历新年，按照传统习俗，正月十五元宵节前后三天，衙门要组织花灯展，周边的老百姓都会来观灯。官员们依照旧例，要提前贴出布告，广而告之。可是，负责贴告示的官员可为难了：用上"灯"字，要触犯太守立的规矩；不用"灯"字，意思又表达不明白。用一个什么字来代替"灯"最合适呢？这可不是平常说话，只要避开那个发音，随便用什么字表达清楚意思就行。这是要贴布告啊，万万马虎不得。思

前想后，官员还是决定请示太守。

田登一听，"这么简单的问题都解决不了吗？'灯火灯火'，用'火'代替'灯'最合适了！"于是，"本州依例放火三天"的布告，就出现在了大街小巷。来来往往的老百姓看了，都议论纷纷。特别是那些外地来的客人，更是惊诧不已。等了解了事情的始末，大家才恍然大悟，气愤不已。

"这也太武断专横了，这么要求老百姓，还是咱们的父母官吗？"

"这股不正之风贻害太深了，简直是非不分啊！"

"这就是只许州官放火，不许百姓点灯，这是什么世道啊！"

忍气吞声的老百姓，终于爆发了……

东窗事发

北宋末年，由北方少数民族女真族建立的金国，不断入侵大宋领土。

宋高宗即位后，在秦桧等大臣的撺掇（cuān duo）下，更是一味退让，不仅将朝廷南迁至今天的杭州，更在军事上采取消极政策，希望用讲和的办法来换取国家的安定。但是朝廷中以岳飞为代表的一些主战派将领，却希望全力抗击金兵，恢复大宋王朝对中原地区的统治。

岳飞从小就立志要精忠报国，在朝廷做官后，他以满腔热血率领军队转战南北，不仅收复了大宋王朝的很多失地，更给一向嚣张的金军以

150

沉重的打击。屡
屡受挫的金军转而设
计，准备借
南宋朝廷之手除掉
岳飞。

南宋宰相秦桧一直以来就与
金军相勾结，不断怂恿宋高宗停战求
和，却总是受到岳飞等主战将领的阻挠。于是，他假传圣旨，
把在前线不断取得胜利的岳飞先调回京城，使其无用武之地。

一天，秦桧坐在他们家东窗户下，和夫人王氏聊天："这些天，我
一直在琢磨怎么除掉岳飞。这个人必须得除掉，他若不死，肯定要不断
阻止皇上议和。""老爷说得没错，这次用十二道金牌把岳飞调回来，

就是除掉他的绝佳机会。俗话说得好，抓住老虎容易，把它放了要想再抓可就难了。"王氏眨巴着那双三角小眼附和着秦桧。"老爷啊，我有一个主意。我听说岳飞手下有个叫王贵的，在一次战斗中，他因为胆小怕死而贻误了战机，按军法应当处死，是大家为他求情，岳飞才免他一死的。王贵肯定怀恨在心，老爷不如让他去告发岳飞谋反，你看怎样？"秦桧两手一拍，连声夸赞王氏："夫人好主意啊，这样我就有理由除掉岳飞了！"

万万没想到，无论他们怎么引诱，王贵死活不肯诬告岳飞谋反。秦桧这帮害群之马，不仅不收手，还心狠手辣地对王贵施以酷刑，并用他全家性命相威胁，最终，王贵屈服了。就这样，秦桧终于用"莫须有"的谋逆罪，杀害了一代忠臣岳飞。

不久之后的一天，秦桧乘船在西湖游玩，不知不觉睡着了。睡梦中，一个披着长发的人对他大声呵斥："你杀害岳飞，出卖国家！我已经告诉老天爷，老天爷要派人来捉拿你了！"秦桧被吓醒之后，终日惶恐不安，没几日，便在惊吓中死去了。

他死后，夫人王氏请道士来超度亡灵。道士万分痛恨秦桧谋害忠良、卖国求荣的行为，因此借机对王氏说："你的丈夫正在地狱里接受轮番审问，遭受严刑拷打。他让我转告夫人，说'东窗事发'了！"王氏一听，吓坏了，这么私密的事情外人都能知道，难道真的恶有恶报，老天爷来惩罚自己了吗？不久之后，王氏也在惊吓中死去了。

败絮其中 | 金玉其外 | 不成体统 | 乌合之众

金玉其外
败絮其中

刘基（字伯温）是元末明初著名的政治家和文学家。在朱元璋建立大明王朝的过程中，刘基发挥了很大的作用，后人评价说，"三分天下诸葛亮，一统江山刘伯温"。

有一年夏天，杭州城闷热异常，人们都蔫蔫的，打不起精神。一日，正在街头散步的刘基，突然发现身边的人们都吵吵嚷嚷地往前跑。他好生奇怪："这是怎么了？人们怎么突然来了精神？"随着大流，他来到一个水果摊前。突然，他眼前一亮，也立马来了精神。原来，摊位上摆放着一堆色彩亮丽、圆润饱满，好像一挤就要流出蜜汁的柑子。被闷热包裹着的人们，一下子被调动起了食欲，大家挤成一团，争相购买。虽然人很多，价钱要得又高，可是在大夏天能买到这么水灵灵的柑子，太难得了。所以，刘基还是奋不顾身地加入购买者的队伍中。

只一会儿工夫，所有的柑子都卖光了。拿着抢到手的柑子，刘基一边咽口水，一边迫不及待地剥了一个。一股发霉的味道扑鼻而来，手中金黄圆润的果肉像被施了魔法一样，顿时变成了一团破烂的棉絮。刘基傻了，先前的期待一下子像被冻住的冰一般，硌（gè）得他难受极了。回过神来的刘基大为恼火，拿着柑子去找摊主，质问道："你看看你卖的柑子，还能吃吗？大家买回去是要当作祭品供奉神灵呢，还是摆在厅堂给宾客观赏呢？只能看不能吃呀！你这不是欺骗行为吗？"

看到刘基气急败坏的样子，摊主不着不急，哑然一笑："您呀，千万别生气！我卖柑子就是为了养家糊口。我卖，有人买，这就够了，我并没有强迫你买呀？"刘基听了，张了张嘴，想说什么，憋了半天却说不出来，眉头却越皱越紧。

摊主看看刘基的脸色，并不在意，继续说："我卖这个已经好几年了，从来没有人来找过我，你是第一个！你有这个时间管我，不如看看这混账的世道！那些有权有势的文臣武将，在家坐虎皮，出门坐大轿；头戴官帽，身穿袍服，神气活现，耀武扬威。可他们有几个是满腹经纶、经国济世的人才呢？百姓的困苦他们不管，盗贼四处作乱他们不问，官吏腐败他们不治理，法制混乱他们不整顿，他们占据那么重要的位置，享受那么丰厚的待遇，却什么有用的事情也不干！这些乌合之众，不成体统，不就像我的柑子一样，金玉其外，败絮其中吗？你怎么不去质问这些人呢？"

听了摊主的话，刘基无言以辩，硬生生地把想说的话咽了回去。回到家里，思索了很久的刘基，写下一篇流传至今的经典文章《卖柑者言》。

155

两袖清风

两袖清风

出奇制胜

忠心耿耿

举贤任能

公元 1449 年的一天，大明皇宫里，哭声、叹息声、争吵声充斥其间，整个皇宫笼罩在一种诡异的气氛中。

朝堂之上，文武百官乱成一团，都在争论着是不是应该赶紧迁都了，或者应该从哪条线路逃跑。焦躁和害怕的情绪，在人群中蔓延。皇太后坐在高高的宝座之上，无可奈何地看着眼前这一众大臣。

"提议迁都的人，都应该被斩首！"突然，一声断喝打断了吵吵闹闹的一群人，朝堂之上瞬间安静下来，人们的目光齐刷刷地投向那个眉头紧锁、刚毅冷峻的人。"京师是国家的根本，根本一动，大势去矣，怎么可以动辄就提出迁都的办法呢？"

此人正是主持兵部工作的于谦。就在昨日，刚刚从北边的土木堡传来消息，率部队亲征瓦剌的明英宗，被瓦剌首领也先扣押了。"皇上回不来了！""国家是不是马上要亡掉了！"一个个疑虑，搅得这帮大臣全都乱了阵脚，没了主意。于谦的一声断喝，终于让大家冷静下来。

"太后，国不可一日无主，请太后再立一位皇帝！"

"太后，太子年幼，皇上亲征前，请郕王监国，请太后立郕王为皇帝吧！"大臣们的意见，一下子把郕王推到了风口浪尖。毫无思想准备的郕王，一时手足无措，推辞再三。讨论陷入了僵局。

于谦大步走出班列，向着郕王大声恳请："我们完全是为国家的安危考虑，不是为个人打算的，所以，请您接受吧！"就这样，郕王临危受命，登基做了皇帝，他就是明代宗。英宗被尊为太上皇。

代宗即位后，于谦心急如焚地建言：当下，京城周边应该这样这样加强布防；这几位有勇有谋的忠臣，一定要授将帅之职，重用起来；那几位贤德的文臣，一定要任用为巡抚，安抚好百姓，关键时候保卫京师。说着说着，于谦不由得哭了出来："皇上，也先打败了我们的军队，扣留了太上皇，他肯定会轻视我们，而肆无忌惮地长驱南下。咱们必须提前做好迎战的各种准备啊！这时候，一定要举贤任能，让忠心耿耿的大臣为国家出力啊！军队里的事，老臣自己承担，如果有任何差池，您就从严惩处我吧！"声泪俱下的于谦，深深感动了刚刚登基的代宗，他提的建议，代宗全部接纳了。

果不其然，很快，也先就挟持着太上皇攻破长城关口，直窥京师。大臣石亨建议收回外部兵力，用拖垮战术固守京师。于谦却坚决反对："为什么要向敌人示弱呢？那样只会让也先更轻视我们！"提早做了准备的于谦，亲自指挥，调兵遣将，京师的九门外按照实际情况，全部部署了足够的兵力。然后，他下达了严苛的军令：

"第一，临阵将领不顾部队先行退却的，斩将领。第二，军士不听从将领安排，先退却的，后队斩前队。第三，即使也先以太上皇为要挟，将领也绝不许私自与瓦剌接触。"

所有将士都明白了——只有死战，绝无退路！

本以为可以轻轻松松拿下北京城的也先，没想到他的对手于谦玩起了出奇制胜的心理战。也先着急忙慌地跑到城外一看，"不是说精锐部队已经全被我消灭，北京已经没有守备力量了吗？这些兵都是哪来的？"头皮发麻的也先有点心虚了。

"来也来了，打吧！估计也是纸老虎，不堪一击！"壮了壮威，也先发出了进攻的命令。可是，很快，也先有点懵了，"这局势完全不在我的掌控之中呀"。瓦剌军队不论从哪个门进攻，碰到的都是一群不怕死的汉子，那铜墙铁壁根本没办法"插针"呀！怎么办？

又有人给也先出主意："咱们让皇上（明英宗）露面，逼他们的主将出城拜见。只要他们一出来，马上逮捕主将。群龙无首，不怕他们不投降！"可是，也先又失望了，守门将领连看也不往他们这里看一眼。

所有的进攻全都以失败告终，无奈之下，也先挟持着英宗向关外撤退而去。

京师之困终于解除了！

可是，改变了大明王朝命运的于谦，却在八年后，被押往刑场斩首示众。

遥想当年，王振权倾一时，肆无忌惮地圈财纳贿，每有朝会，觐见大臣都要先向王振贡献黄金白银，而在外做巡抚的于谦，每次回京奏事，都是两手空空。有人劝他："你不送金银财宝，土特产也应该带一些吧！"于谦却不屑地甩甩两只袖筒，说："只有清风！"

就是这样一位两袖清风、忠义刚烈的铮铮男儿，虽然在权力的漩涡中成了牺牲品，然而，他高洁的理想和凛然正气，却透过著名的《石灰吟》流芳千古：

千锤万凿出深山，烈火焚烧若等闲。
粉骨碎身浑不怕，要留清白在人间。

怀瑾握瑜

满腹珠玑　饶有风趣　怀瑾握瑜　书香门第

清朝乾隆四十一年一个春日的上午，天儿特别晴朗。几场雨过后，北京城到处泛着嫩绿的春色。轻柔的小风，带着一点点凉意，时不时地和人们拥抱一下，把人们心里那点喜气儿全挑逗出来了。

"噼里啪啦""咚咚锵"，一阵接一阵的鞭炮声、锣鼓声，把附近的人全都吸引到"福联升"鞋店的门口。今天鞋店开张，老板刘福娃幸福的嘴角挂在耳朵边总不想下来。他逢人就说："我这店名可是大学士纪晓岚纪大人给我起的！"那个自豪啊，让周围所有的人都羡慕不已。事情是这样的——

几年前，纪晓岚受一个案件牵连，被发配至乌鲁木齐戍边。戴罪之身，同僚、朋友唯恐躲避不及，所以临行前，只有很少的人为他送行。而这

160

其中，就有毫不起眼的小民刘福娃。刘福娃是个小鞋匠，一次偶然的机缘，得到纪晓岚的帮助，渡过了难关。刘福娃一直感恩在心。听说恩人遭了难，就要被流放边疆，他连夜赶制了一双舒服的朝靴，冒死赶来，送到纪晓岚手中。

边塞的生活在孤寂而落寞中马上就要跨到第三个年头了。

这一天，纪晓岚望着"苍茫云海间"的那轮皓月，感受着"吹度玉门关"的万里长风，过往旧事又涌上心头。回到屋里，他翻出了从京城带来的一些旧物，慨叹不已。这时，一双崭新的黑布朝靴映入眼帘。他拿起靴子，抚摸着密密的针线和鞋帮内侧用红丝线绣的那个小小的"福"字，动情地对家人说："做人啊，还是要怀瑾握瑜，才会心若芷萱。想当年，我只是顺便帮了小鞋匠，可是落难之时，人家还记得送来如此情谊。看看这个'福'字，对我来说，现在它比什么都珍贵啊！"说完，直接换上了这双新靴子。

说来也巧了，没过多久，乾隆皇帝要修《四库全书》，急需要找一位众望所归的总纂官。这时候，才华横溢、贯通古今的纪晓岚，成为可

161

以担当此任的唯一人选。于是，一纸诏书，纪晓岚官复原职，并提升为一品大学士，即刻回京。后来，纪晓岚专门去看了好像给自己带来福气的刘福娃，当知道他想开一家自己的鞋店时，笑着说："刘福娃——有福之人，你的店铺就叫'福联升'吧。"

纪晓岚是清代乾嘉时期著名的官员，出身于书香门第，从小博览群书，再加上天资聪慧，性情豪放，从来不受道统的束缚。因此，不仅博洽淹贯、务实求真，而且才思敏捷、饶有风趣。 在朝中，他就是乾隆皇帝的"开心果"。

有一次，乾隆皇帝专门逗纪晓岚："你说，'忠孝'二字怎么解释呢？"纪晓岚一听，知道皇上又要调侃自己，赶紧埋首躬身，回答说："君要臣死，臣不得不死，是为忠；父要子亡，子不得不亡，是为孝。""朕要你现在就去死！"乾隆皇帝马上将了纪晓岚一军，并幸灾乐祸地看他如何"表演"。

"这……臣领旨！"犹豫了片刻，纪晓岚转身拔腿就走。

"哎，哎，你打算怎么死啊？"纪晓岚的果断，引起皇帝的兴趣，他迫不及待地问。

"跳河……"只留下两个字，纪晓岚便不见了踪影。可是，一会儿工夫，他又回来了。

"咦？你怎么没死呢？"皇帝憋着笑，问他。

"臣到了水边，正要往下跳，突然屈原从水里出来了。他质问我说：'纪晓岚，你这是要陷害当今皇上吗？想当年，楚怀王不辨忠奸，我无奈而死。如今圣上英明，你要死了，岂不让皇上背上诛杀忠良的骂名吗？'臣一听，觉得屈大夫骂得太对了，赶紧回来禀报皇上，求皇上为臣做主，臣到底该怎么办？"

"哈哈哈，你这个纪晓岚呀，真是伶牙俐齿、满腹珠玑！"看着开心大笑的皇帝，纪晓岚偷偷抹去了额头的臭汗。

可是，说起工作，纪晓岚的诙谐劲马上没了踪影。在总纂《四库全书》期间，纪晓岚夙兴夜寐、焚膏继晷，严格按照《四库全书》的纂修步骤，统领每一位纂修者的工作。特别在制定《提要》的过程中，纪晓岚更是仔细查典，或增或删，或分或合，字斟句酌，反复润饰修改。最终，原先风格不同、杂乱无章的纂稿，经过纪晓岚的考校、删定，变成了体例清晰、风格独特的《四库全书总目提要》。著名的历史学家黄云眉先生曾经评价说：《提要》好像是多人心血的结晶，其实，经过纪晓岚删改，整齐划一后，别人的意志已经看不到了，能看到的只是他一人的主张。

在完成恢宏巨制的十余年间，纪晓岚几乎没有停歇一刻。当然，由于历史的局限性，《四库全书》在纂修的过程中，焚毁了大量对清朝不利的珍贵典籍，也篡改了很多珍贵的文史档案。但是，作为那个历史时代的一名学者，纪晓岚仍然以他严谨的治学态度，留给世人一份无形的精神遗产！

本册成语释义

明修栈道　暗度陈仓　陈仓：古县名，在今陕西省宝鸡市东，为通向汉中的交通孔道。指正面迷惑敌人，却从侧翼突然袭击，取得胜利。亦比喻暗中进行活动。

背水一战　背水：背向江河，表示没有退路。比喻与敌人决一死战，力求死里求生。

四面楚歌　比喻陷入四面受敌、孤立无援的境地。

一饭千金　比喻厚重地报答对自己有恩的人。

一诺千金　一句诺言值千金。比喻说话极有信用。

孺子可教　称赞可造就的年轻人。比喻年轻人有培养前途。

萧规曹随　比喻后任者按照前任的规章制度办事。

桃李不言　下自成蹊　原指桃树不招引人，但因它有花和果实，人们在它下面走来走去，自然而然就走成了一条小路。后比喻为人品德高尚、诚实、正直，自然就会受到人们的尊重和敬仰。

夜郎自大　夜郎：汉代西南地区的一个小国。比喻那些盲目无知又狂妄自大的人。

曲突徙薪　曲：弯；突：烟囱；徙：迁移；薪：柴草。把烟囱改建成弯的，把灶旁的柴草搬走。比喻事先采取措施，才能防患于未然。

闭门思过　关门独自检讨，反省自己的过失。

凿壁偷光　原指西汉匡衡凿穿墙壁借邻居的灯光读书的故事。

后形容家贫而刻苦读书。

捕风捉影　风和影都是无形的东西，根本抓不住。形容

说话办事毫无事实根据，凭空猜想。

半途而废　废：停止。事情没做成功就停止。比喻做事情有始无终。

老当益壮　当：应该；益：更加；壮：雄壮。年纪虽老，而志气更

旺盛，多用来赞扬老年人不怕苦、不怕累的工作精神。

投笔从戎　从戎：从军，参军。扔掉笔去参军。指文人从军，为国

建功。

望梅止渴　原指梅子酸，人想吃梅子就会流涎，因而止渴。后比喻

无法实现愿望，用空想安慰自己。

老骥伏枥　骥：良马，千里马；枥：马槽，养马的地方。比喻有志

向的人虽已年老，但雄心壮志不减当年。

割席断交　席：坐席、草席。比喻朋友之间因志不同道不合而绝交。

三顾茅庐　顾：拜访；茅庐：草屋。原指刘备访聘诸葛亮的故事。

后比喻诚心诚意，再三邀请或访问。

封金挂印　指不接受赏赐，辞去官职。

单刀赴会　单刀：一把刀，指一个人。泛指一个人冒险赴约。赞扬

赴会者的智略和胆识。亦比喻胆大。

手不释卷　释：放下；卷：即书籍。手中拿着书籍片刻不放。形容勤勉好学或读书入迷。

初出茅庐　茅庐：草房。原比喻新露头角。现比喻初入社会，缺乏经验。

七擒七纵　原指三国时诸葛亮七捉七放孟获的故事。现比喻运用策略，使对方诚服。

鞠躬尽瘁　死而后已　鞠躬：弯着身子，表示恭敬、谨慎；尽瘁：竭尽劳苦；已：停止。指勤勤恳恳，竭尽全力，为实现目标奋斗终生。

言过其实　实：实际。原指言语浮夸，超过实际才能。后也指话说得过分，超过了实际情况。

相煎何急　煎煮得为什么那样急。比喻兄弟间不顾亲情，自相残害。

偃旗息鼓　偃：仰卧，引申为倒下。放倒旗子，停止敲鼓。原指秘密行军，不暴露目标。后比喻事情终止或声势减弱。

乐不思蜀　很快乐，不思念蜀国。比喻在新环境中得到乐趣，乐而忘返，或者乐而忘本。

卧冰求鲤　卧在冰上以求得鲤鱼。指忍苦孝亲的举动。

洛阳纸贵　比喻著作因价值高而广泛流传，风行一时。

闻鸡起舞　原指听到鸡叫就起来舞剑。后比喻有志报国的人及时奋起。亦比喻意志坚强，有毅力、有耐心的有志之士。

入木三分　形容书法笔力遒劲。也比喻评论深刻中肯，或描写精到生动。

风声鹤唳 唳：鹤叫声。形容惊慌疑惧，或自相惊扰。

江郎才尽 江郎：指南朝江淹。原指江淹少有文名，晚年才思衰竭。现比喻才情枯竭减退。

罄竹难书 罄：尽。竹：古代写字的竹简。原指要写的事太多，写不过来。后用来形容罪行极多，写也写不完。

磨杵成针 把铁棒磨成了针。比喻只要有恒心，努力去做，无论多么困难的事，都可以成功。

走马观花 走马：骑着马跑。骑在奔跑的马上看花。原形容事情如意，心境愉快。后形容不深入细致地观察事物，只是粗略地观察。比喻被表面现象所迷惑。

呕心沥血 呕：吐；沥：一滴一滴。比喻用尽心思。多形容为事业、工作、文艺创作等费尽心力。

一字之师 改正一个字的老师。有些好诗文，经旁人改换一个字后更为完美，改字的人被尊称为"一字师"或"一字之师"。

探囊取物 囊：口袋。伸手到口袋里拿东西。比喻事情轻而易举，极容易办成。

开卷有益 开卷：打开书本，指读书；益：好处。多读书总有好处。

绳锯木断 **水滴石穿** 用绳子当锯子，也能把木头锯断；水一直下滴，时间长了，能把石头滴穿。比喻只要有恒心、有毅力，坚持不懈，事情就一定能做成功。

成竹在胸　成竹：现成完整的竹子。画竹前竹子的全貌已在胸中。比喻处理事情之前已有完整的谋划、打算。

程门立雪　旧指学生恭敬受教。后比喻求学心切和对有学问长者的尊敬。

州官放火　州官：一州的长官。指反动统治者自己可以胡作非为，老百姓却连正当活动也要受限制。

东窗事发　比喻阴谋或罪行已经败露。

金玉其外　败絮其中　金玉：珍宝；败絮：破烂棉絮。比喻外表很华美，里面却一团糟。后比喻外表光鲜美丽而无内在修为的人。

两袖清风　衣袖中除清风外，别无他物。比喻做官廉洁。也比喻穷得一无所有。现多比喻为官清廉、不贪赃枉法、严于律己的人。

怀瑾握瑜　怀：怀藏；握：手握；瑾、瑜：美玉，比喻美德。比喻那些具有高贵的品德与才能的人。

成语魔法屋

图书在版编目（CIP）数据

　　成语魔法屋.历史典故篇二/王雅坤主编.—太原：
三晋出版社，2018.4
　　ISBN 978-7-5457-1723-5

　　Ⅰ.①成…　Ⅱ.①王…　Ⅲ.①汉语－成语－故事－儿
童读物　Ⅳ.① H136.31-49

　　中国版本图书馆 CIP 数据核字（2018）第 092351 号

成语魔法屋·历史典故篇二

主　　编：王雅坤
责任编辑：薛勇强
责任印制：李佳音

出 版 者：山西出版传媒集团·三晋出版社（原山西古籍出版社）
地　　址：太原市建设南路 21 号
邮　　编：030012
电　　话：0351 - 4922268（发行中心）
　　　　　0351 - 4956036（总编室）
　　　　　0351 - 4922203（印制部）
网　　址：http://www.sjcbs.cn

经 销 者：新华书店
承 印 者：山西新华印业有限公司

开　　本：787mm×1092mm　　1/16
印　　张：11
字　　数：120 千字
印　　数：1-5000 册
版　　次：2018 年 5 月　第 1 版
印　　次：2018 年 5 月　第 1 次印刷
书　　号：978-7-5457-1723-5
定　　价：58.00 元